W0025874

ullstein

Das Buch

Familie Fritzsche fährt seit Urzeiten jeden Sonntag zum Kaffeetrinken zu Oma Maria, denn: »Wer weiß, wie lange Oma noch lebt!« Sie tun es bis heute. Als sie 88 wird, zieht Enkeltochter Anja bei ihr ein, um in Ruhe für die Abi-Prüfungen lernen zu können – sie bezahlt es mit nächtelangen, nicht enden wollenden Rummikub-Runden. Mit 90 will die Familie der Oma endlich die Mietwohnung kaufen. Oma Maria entgegnet nur: »Ach, für die paar Jährchen lohnt sich das nicht mehr!« Sie hätten es tun sollen ... Mit 96 will die Familie statt immer nach Spanien zu fahren, endlich mal nach Thailand in den Urlaub. Aber Oma Maria sagt: »Lieber nicht! Machen wir noch ein letztes Mal Spanien!« Sie fahren bis heute dorthin. Als Oma 99 wird, zieht Papa Fritzsche bei seiner Mutter ein, ohne zu ahnen, dass sich diese »Zweck-Gemeinschaft« länger als manche Ehe hinzieht. Nun steuert Maria Fritzsche die 108 an und hat kein bisschen von ihrem Witz verloren – frei nach ihrem Lebensmotto: »Einfach aufstehen und immer weitergehen!«

Die Autorinnen

Maria Fritzsche, 1909 in Essen geboren, hat das erste halbe Jahrhundert dort gelebt, zog als Rentnerin nach Bayern, Rosenheim. Sie ist gelernte Innendekorateurin, verwitwet und hat zwei Kinder, fünf Enkelkinder und zwei Urenkel.

Anja Fritzsche, in Rosenheim geboren, wuchs im Inntal auf. Sie ist als Kommunikationsdesignerin tätig und arbeitete für InStyle, BRAVO und People. Sie lebt mit ihrem Partner in München.

Anja Fritzsche und Oma Maria (107)

OMA, DIE NACHTCREME IST FÜR 30-JÄHRIGE!

Die unglaublichen Geschichten einer 107-Jährigen

Ullstein

Besuchen Sie uns im Internet:
www.ullstein.de

Originalausgabe im Ullstein Taschenbuch
1. Auflage Dezember 2017
7. Auflage 2021

Umschlaggestaltung: zero-media.net, München
Titelabbildung: © Anja Fritzsche
Innenabbildungen: © Anja Fritzsche,
© Karina Ullritz (Manuel Neuer und Maria Fritzsche)
Satz: Pinkuin Satz und Datentechnik, Berlin
Gesetzt aus der Sabon
Druck und Bindearbeiten: CPI books GmbH, Leck
ISBN 978-3-548-37775-9

Für meinen Vater,
denn ohne seine aufopferungsvolle Pflege
hätte meine Großmutter
nicht ihr hohes Alter erreicht und das
Drei-Generationen-Reise-Trio
nicht so viel Spaß gehabt.

Und für die Menschen, die ihrem Leben trotz
aller Herausforderungen positiv begegnen.

PROLOG

Papa: »Los, Kinder, wir fahren heute zur Oma, Kaffee trinken!«

Anja: »Ach nö, nicht schon wieder!«

Papa: »Das diskutiere ich nicht. Wir fahren.«

Anja: »Aber Papa, biiiiitte! Ich muss noch so viele Hausaufgaben machen. Dann wollte ich zu Steffi, und der neue *Indiana Jones* läuft auch im Kino!«

Papa: »Das kannst du alles danach noch machen. Erst fahren wir! Wer weiß, wie lange Oma noch lebt!«

1992 hatte meine alleinlebende Oma Maria ein typisches Oma-Alter von 83 Jahren, und das Argument, sie könne bald sterben, zog noch. Aber nach und nach nahm niemand mehr diese Prophezeiungen ernst. Oma fuhr zu dieser Zeit nämlich immer noch jeden Winter für drei Monate nach Spanien und kam wie das blühende Leben zurück. In Omas Alter von 88 Jahren zog ich dann bei ihr ein, um in Ruhe auf mein Abi lernen zu können. Wurde nebenbei von Kopf bis Fuß verwöhnt, auch wenn ich das mit nächtelangem, nicht enden wollendem Rummikub-Spielen bezahlen musste.

Als sie 90 wurde, überlegten wir, ob wir ihre Mietwohnung nicht kaufen sollten, doch sie meinte: »Ach, für die paar Jährchen lohnt sich das nicht mehr!« Wir hätten es einfach machen sollen.

Mit 96 beschlossen wir, statt immer nach Spanien doch mal nach Thailand zu fliegen. Aber sie meinte: »Lieber doch nicht. Machen wir noch ein letztes Mal Spanien!« Wir fahren bis heute dorthin.

Als sie 99 wurde, zog mein Vater bei ihr ein, da sie etwas Hilfe im Haushalt *ganz praktisch* fand und damit sich ihr langersehnter Wunsch, endlich wieder einen Gesellschafter zu haben, erfüllte. Ich glaube, Papa hat nicht geahnt, dass sich diese Zweckgemeinschaft wesentlich länger hinziehen würde, als bei manchen die Ehe hält.

Den 100. feierte sie immer noch vergnügt, wenn auch mit neuen Freundinnen, denn die alten waren mittlerweile alle verstorben.

Mit 101 fühlte sie sich auf einmal nicht mehr ganz so fit und meinte, dass das Herz ein wenig drücke und der Schwindel ein großes Übel wäre. Wir gingen zum Arzt, und der meinte: »Maria, Sie haben eine verkalkte und verengte Aortenklappe. Sie leiden an einer sogenannten Stenose, der Verengung von Blutgefäßen. Damit haben Sie vielleicht noch drei bis vier Monate zu leben. Oder Sie bekommen eine neue Herzklappe, die Ihnen sicherlich noch weitere fünf Jahre garantiert.«

Auf einmal zog das alte Argument »Wer weiß, wie lange Oma noch lebt!« wieder. Und beim sonntäglichen Kaffeetrinken entschied sie sich natürlich für die Garantie. Was hatte sie schon zu verlieren?

JAHR: 2011 – ALTER: 101 JAHRE

Schwein gehabt!

Zunächst muss geklärt werden, ob Omas physische Verfassung überhaupt eine Operation überstehen könnte. In ihrem Alter kommt ohnehin nur die OP mit der TAVI-Technik (Transkatheter-Aortenklappen-Implantation) in Frage. Aber soll sie sich wirklich noch mit 101 operieren lassen? Ist es nicht vernünftig, dann zu sterben, wenn der Körper klare Signale sendet? Warum weiterleben, wenn man doch schon alles erlebt hat?

Anja: »Oma, willst du wirklich dieses gesundheitliche Risiko eingehen?«

Oma Maria: »Ach, Anja-Spätzchen, das ist doch kein Risiko. Ich würde gerne selber entscheiden, wann ich gehe. Es gibt noch so vieles, was ich erleben möchte. Ich fühle mich nicht alt, und ich will auch noch bei euch bleiben. Und wenn mir eine OP dabei helfen kann, ist das doch gut. Außerdem will ich doch sehen, ob du noch heiratest!«

Anja: »Haha, also, wenn es dir hilft, kann ich gerne eine Nottrauung vollziehen.«

Omas Wille war schon immer stärker als ihr Körper, und geistig ist sie nach wie vor sehr fit. Wenn das ihr Wunsch ist, so soll er auch erfüllt werden. Und wer sagt denn, dass 100 Jahre bereits genug wären?

Also gehen wir ins Krankenhaus zur ersten Untersuchung. Ein Gesundheits- und Krankenpfleger empfängt uns.

Pfleger: »Sind Sie Frau Fritzsche?«

Oma Maria: »Noch lebend.«

Pfleger: »Und Sie sind der Mann?«

Papa: »Na, Mutter, einen von uns beiden hat er jetzt beleidigt! Ich bin der Sohn.«

Pfleger: »Ah, tut mir leid. Und Sie sind?«

Anja: »Ich bin die Tochter vom Sohn.«

Pfleger: »Ich merke schon: Sie drei verstehen sich. Drei Generationen, sehr nett. Dann folgen Sie mir bitte!«

Oma wird zunächst von Kopf bis Fuß untersucht, um festzustellen, ob ihr zierlicher, »alter« Körper theoretisch überhaupt in der Lage ist, eine solche Operation zu überstehen. Nach vielen Tests wie EKG, Herz- und Blutuntersuchungen wird ihr eine sehr gute körperliche Verfassung und eine Venendurchlässigkeit wie die von einer 45-Jährigen attestiert. Sehr zum Erstaunen der Ärzte. Damit ist die erste Hürde genommen.

Aber nicht nur die Operation an sich ist gefährlich, sondern auch die Vollnarkose. Mit jeder Narkose sterben ein paar der Hirnzellen ab, und in Omas Fall weiß man nicht, ob sie danach überhaupt wieder ganz klar im Kopf werden wird.

Oma Maria: »Ach, das wäre ja toll, wenn ich wieder als 45-Jährige aufwachen würde.«

Papa: »Na, Mutter, jetzt mal nicht übertreiben.«

Oma Maria: »Anja-Spätzchen, kannst du mir bitte noch mal erklären, was die Ärzte genau machen wollen? Ich glaube, so ganz habe ich das mit der neuen Methode nicht verstanden.«

Anja: »Ganz einfach, Oma. Bei einer herkömmlichen Operation öffnen sie deinen Brustkorb und legen dein Herz still.«

Oma Maria: »Waaaas? Ich dachte, das wollten wir vermeiden?«

Anja: »Genau das machen die Ärzte eben nicht, da es sein könnte, dass du das nicht überleben würdest. Stattdessen werden sie den Brustkorb nicht öffnen und dein Herz nicht stilllegen.«

Oma Maria: »Ach?«

Anja: »Das geht mit der TAVI-Methode. Der *Transkatheter-Aortenklappen-Implantation.* Das heißt: Dein Herzchen schlägt bei dem Eingriff weiter.«

Oma Maria: »Wirklich? Und wie?«

Anja: »Du bekommst einen Katheter, also, es wird ein dünner Schlauch in die Schlagader in der Leistengegend eingesetzt. Und im Schlauch ist ein Draht, und an dessen Spitze sitzt der Stent mit einer zusammengefalteten Herzklappe aus dem Klappengewebe eines Schweines.«

Oma Maria: »Interessant. Und das Schweinchen leiht mir dann sein Herz?«

Anja: »Ich hoffe, es ist ein Geschenk. Du willst es ja nicht wieder zurückgeben, oder?«

Oma Maria: »Und das schlägt dann einfach für mich weiter?«

Anja: »Ja, der Stent wird bis zu deiner defekten Aortenklappe geschoben und dort entfaltet. Dadurch drückt die neue Herzklappe deine alte beiseite und läuft weiter – im Schweinsgalopp!«

Oma Maria: »Hihi, dann passt es ja zu mir. Und wie lange dauert das?«

Anja: »Nicht lange, Oma. Mit Vollnarkose nur eine Stunde.«

Und das haben wir nun hinter uns.

Ich sitze nach der OP an ihrem Bett auf der Wachstation. Sie sieht wirklich hundeelend aus. Klein, eingefallen, noch ganz benommen von der Narkose und nicht richtig wach. Mir ist es ein Rätsel, wie so ein alter Mensch, der mit 100 und einem Jahr schon so viel erlebt hat, so etwas durchstehen kann.

Langsam versucht sie, die Augen zu öffnen, und man merkt, dass sie noch nicht richtig scharf sehen kann. Sie lächelt aber schon wieder, als sie mich erkennt.

Sie erholt sich sogar erstaunlich schnell und ist sehr dankbar, dass sie keine Schwindelattacken und kein schummriges Gefühl mehr in den Beinen verspürt. Nach einem Tag auf der Intensivstation wird sie für eine Woche zur Beobachtung – und Bewunderung des Personals – auf die reguläre Station verlegt. Danach darf sie für vier Wochen zur Kur nach Bad Aibling.

Oma Maria: »Ich bin so dankbar, dass ich das alles so gut überstanden habe. Da habe ich wohl noch mal *Schwein* gehabt!«

Anja: »Haha. Also zukünftig nur noch Hühnchen mit rotem Curry?«

Oma Maria: »Fangen wir lieber mit gelbem an. Der ist nicht so scharf.«

Und plötzlich fühle ich mich wieder wie mit 15.

Papa: »Anja, kommst du zu uns, Kaffee trinken mit Oma? Wer weiß, wie lange die Situation so stabil bleibt!«

Anja: »Also, Papa, dass du das Argument immer noch bringst. Ja, klar, ich komme sogar freiwillig – ich bin doch keine 15 mehr.«

Das Lustige an unserer Familiensituation ist, dass sich meine Eltern etliche Jahre nach ihrer Trennung beide entschieden, wieder mit ihren Müttern zusammenzuleben. Zwar unfreiwillig länger, als sie es geplant hatten, aber leicht lässt sich eine solche Beziehung nicht lösen. Aber dazu später mehr …

Nach einer kleinen Geburtstagsfeier zum 102. in der Klinik und einem ruhigen, entspannten Weihnachtsfest während der Kur schläft Oma ruhig ins neue Jahr hinüber und wünscht sich, so bald wie möglich wieder zu verreisen.

Ich frage mich, ob die Garantie hält, was sie verspricht …

JAHR: 2012 – ALTER: 102 JAHRE

Das erste Jahr nach der Garantie

Anja: »Ooooooomaaaaaaa! Früüüüüüühhhstück!«

Oma Maria: »Nur weil ich etwas älter bin, brauchst du doch nicht so zu schreien. Ich habe Ohren wie ein Luchs!«

Anja: »Ich würde eher sagen, wie ein Elefant. Was du alles hörst!«

Oma Maria: »Was gibt es denn, Anja-Spätzchen?«

Anja: »Na, Frühstück!«

Oma Maria: »Haha, ja, *hören* heißt nicht gleich *verstehen*. Das ist ein wichtiger Unterschied.«

Anja: »Weißt du, was mir immer mehr auffällt? Die meisten Menschen, die mitbekommen, wie alt du bist, fragen mich immer: ›Was ist denn ihr Geheimnis? Wie macht sie das? Wie wird man gesund so alt?‹ Ich antworte dann: ›Ihre gute Laune.‹ Aber das reicht ihnen nicht. Sie wollen es genauer wissen.«

Oma Maria: »Nur gute Laune alleine reicht ja auch nicht. Das würde bedeuten, jeder Clown kann 100 werden. Aber Spaß muss schon sein, sonst macht ja keiner mit.«

Anja: »Was ist es noch? Dein starker Wille?«

Oma Maria: »Der sicherlich auch.«

Anja: »Ach, wahrscheinlich sind es so viele Dinge, die da glücklich zusammengekommen sind.«

Oma Maria: »Bleibst du denn heute Nacht bei uns?«

Anja: »Ja, kann ich gerne machen, aber bitte nicht zum Rummikub-Spielen!«

Oma Maria: »Pro Spiel ein Geheimnis.«

Anja: »Das ist Erpressung.«

Oma Maria: »Jetzt setz dich erst mal an den Tisch. Magst du auch Kaffee?«

Anja: »Oma, deinen Tiefschwarz-wie-die-Nacht-und-geschmackvoll-wie-das-volle-Leben-Kaffee darfst du gerne selber trinken. Damit kannst du Tote wecken!«

Oma Maria: »Hihi, vielleicht bin ich deswegen nicht kleinzukriegen.«

Anja: »Ich bekomme davon auf der Stelle Herzrasen. In deinem Kaffee kann der Löffel von alleine stehen. Mir ist schleierhaft, wie du damit so gesund alt werden konntest.«

Oma Maria: »Den trinke ich schon so, seit ich in die Lehre gegangen bin. Immer mit zwei Stück Zucker, beziehungsweise seit Mitte der 90er Jahre mit Süßstoff. Ich weiß noch genau: Damals gab es eine große Diskussion darüber, ob Süßstoff krebserregend sei oder nicht. Na, ich bin wohl ein gutes Beispiel für ›Nein, ist er nicht‹!«

Anja: »Bei uns in der Familie ist noch keiner an Krebs gestorben, oder?«

Oma Maria: »Stimmt. Meine Mutter ist mit 99 Jahren einfach eingeschlafen. Kurz vor ihrem 100.!«

Anja: »Wobei? Hatte Uroma Töller nicht Hautkrebs?«

Oma Maria: »Ja, aber der war positiv, und in dem Alter stirbt man davon eh nicht mehr. Der Wachstumsprozess läuft ja viel langsamer ab.«

Anja: »Ich finde, bei dir ist irgendwie nix langsamer. Und woran ist noch mal deine ältere Schwester Hede gestorben?«

Oma Maria: »Ihr Herz wollte mit 92 nicht mehr. Reicht ja auch.«

Anja: »Haha, das sagst gerade du.«

Oma Maria: »Dass ich sie um mehr als 10 Jahre überlebe, hätte ich auch nicht gedacht. Dabei war sie immer die Stärkere von uns beiden. Nur mein Vater starb mit 80.«

Anja: »Findest du nicht auch, dass es nebensächlich ist, *wann* man stirbt? Du bist ja dann sowieso weg. Was könntest du daran noch ändern? Hauptsache, man leidet nicht.«

Oma Maria: »Natürlich wünsche ich mir, wenn ich nicht mehr möchte, einfach einzuschlafen. Aber noch fühle ich mich jung und seit der OP auch wieder viel kräftiger.«

Anja: »Du weißt aber schon, dass auch du irgendwann mal gehen musst?«

Oma Maria: »Alles zu seiner Zeit. Und ganz so nebensächlich ist der Zeitpunkt auch nicht. Ich würde schon gerne sehen, dass du heiratest und Kinder bekommst. Das wäre doch zu schön.«

Anja: »Oma, mach mir keinen Druck!«

Oma Maria: »Also, ich hab Zeit …«

Ich schenke ihr eine zweite Tasse Kaffee ein. Jeden Morgen müssen es zwei sein. Pechschwarz.

Anja: »Haha. Schöne Einstellung in deinem Alter. Also, was würdest du sagen, ist dein persönliches Altersgeheimnis?«

Oma Maria: »Wahrscheinlich, dass ich dem Alter nie eine Bedeutung beigemessen habe. Egal, was passierte. Einfach aufstehen und immer weitergehen. Gibt es nicht diesen Spruch?«

Anja: »Meinst du: ›Hinfallen, aufstehen, Krönchen richten, weitergehen‹?«

Oma Maria: »Ja, genau. Es geht doch auch immer irgendwie weiter. Warum sich also Sorgen machen?«

Anja: »Weil die Leute denken, es geht vielleicht schlechter weiter.«

Oma Maria: »Um das feststellen zu können, müssen sie trotzdem weitermachen. Das musste ich auch nach der OP. Und danach war ich viel stabiler als zu Beginn meines Lebens. Als Baby war ich nämlich kleiner, zarter und viel zierlicher als die anderen Kinder.«

Miez mag keine Kuhmilch

Oma Maria: »Gibst du mir bitte mal die Butter? Ach, dazu fällt mir auch eine schöne Geschichte ein.«

Anja: »Jetzt bleib bitte bei deiner Geburt.«

Oma Maria: »Meine Geburt? Also, daran kann ich mich nicht mehr erinnern ...«

Anja: »Das ist mir schon klar.«

Oma Maria: »Ich hatte Glück und kam in einem milden Winter am 19. Dezember 1909 um 2:30 Uhr in Essen-West zur Welt. Ich war eine problemlose Hausgeburt, was zu damaligen Zeiten üblich war. Ich war wieder ein Mädchen, aber das störte meine Eltern nicht.«

Anja: »Warum sollte es sie auch stören?«

Oma Maria: »Na ja, ein Stammhalter war damals schon sehr gerne gesehen. Hedwig war zwei Jahre früher drei Bushaltestellen entfernt als kräftiges Baby zur Welt gekommen. Ich war eher ein kleines Bündel.«

Anja: »Warte mal! Damit bist du Sternzeichen Schütze, und ich googel mal kurz Aszendent Waage.«

Oma Maria: »Hört sich für mich jetzt nicht nach einem Problem an. Dem Schützen wird doch nachgesagt, er verschießt seine Pfeile gerne und jagt ihnen dann hinterher.«

Anja: »Richtig. Nicht das Ziel ist entscheidend, sondern der Weg. Er reist gerne und wird ungern angebunden. Zusammen mit der Ausgeglichenheit der Waage …«

Oma Maria: »… könnte man sagen, die Sterne standen günstig für mich.«

Anja: »Aha, deswegen bist du auch Single.«

Oma Maria: »Haha. Na, dich möchte ich in meinem Alter sehen.«

Anja: »Das wäre zu schön. Haha.«

Oma Maria: »Sagen wir, ich bin eine schuldig geschiedene Witwe.«

Anja: »Wieso *schuldig* geschieden?«

Oma Maria: »Ich war nach deinem Opa noch mal verheiratet.«

Anja: »Was? Davon wusste ich ja gar nichts!«

Oma Maria: »War auch nur ganz, ganz kurz. Sich als Frau damals scheiden zu lassen, war nicht einfach. Da war man schon schuldig, wenn man nur die Trennung wollte, obwohl man nichts gemacht hat. Manchmal verändern sich eben die Lebensumstände. Das kann man vorher nicht wissen.«

Anja: »Jetzt bin ich aber platt. Und ich dachte, dein Leben bestand nur aus Reisen.«

Oma Maria: »Na, ich hatte schon auch noch ein Leben voher. Und als du auf die Welt kamst, war ich da nicht schon 70?«

Anja: »Für mich warst du gefühlt alterslos und nur unterwegs.«

Oma Maria: »Ja, stimmt. Apropos unterwegs: Wann fahren wir denn endlich mal wieder weg?«

Anja: »Bald. Und warum heißt du Maria?«

Plötzlich kommt Papa in die Küche, um sich nur schnell etwas zum Essen aus dem Kühlschrank zu nehmen. Aber so läuft das nicht bei Oma. Sie hat am liebsten immer alle um sich herum.

Oma Maria: »Ach, Jochen, komm, setz dich doch zu uns. Willst du auch einen Kaffee?«

Papa: »Von *deinem* Kaffee? Nee, danke, Mutter, dann kann ich heute Abend nicht mehr schlafen.«

Oma Maria: »Ihr haltet ja beide nix aus …«

Oma Maria: »Mich haben sie früher immer *Miez* gerufen, denn irgendwie hießen alle Maria.«

Anja: »Miez find ich süß. Soll ich dich jetzt Oma Miez rufen?«

Oma Maria: »Also, besser als dieses ›Oooma‹ klingt das schon.«

Anja: »Also, dafür kann ich aber nix. Du hast dich doch als ›Oma‹ bei mir vorgestellt.«

Oma Maria: »Ja, aber wenn ich so darüber nachdenke, klingt das zu alt für mich.«

Anja: »Ob ich mich jetzt noch umgewöhnen kann?«

Oma Maria: »Du hast doch eh noch eine Oma.«

Anja: »Ja, aber die rufe ich *Omma*!«

Oma Maria: »Sogar meine Mutter heißt Maria. Maria Töller. Der Name Maria war den Menschen heilig wie der Glaube auch.«

Anja: »Ach, Uroma Töller war so lieb. Wo kommt Uroma eigentlich her?«

Oma Maria: »Also, ›Uroma‹ klingt ja noch fürchterlicher!«

Papa: »Sie hört es ja nicht mehr.«

Oma Maria: »Aus Bad Bertrich. Das liegt im fröhlichen Rheinland, nahe Koblenz. Das war damals schon eine bekannte Bade- und Heilstätte.«

Anja: »Aus dem Rheinland … Deswegen trinkst du auch so gerne Wein.«

Oma Maria: »Ach, ein Schlückchen in Ehren …«

Papa: »Alexander von Humboldt hat übrigens damals in Bad Bertrich vergleichende Wasseranalysen in Auftrag gegeben, und damit wurde der Kurort das ›milde Karlsbad‹ genannt.«

Oma Maria: »Ich glaube, das Hotel meiner Großeltern steht sogar heute noch …«

Anja: »Das würde ich gerne mal sehen.«

Oma Maria: »Ich weiß noch, dass Opa Rosen gezüchtet hat, die im ganzen Dorf bewundert wurden. Als ich eines Tages zu Besuch kam, meinte er: ›Miez, komm her, das ist eine Sorte, die hab ich nur für dich gezüchtet!‹ Die Rosen dufteten herrlich. Und anschließend musste ich dann – wie bei jedem Besuch – frische Kuhmilch trinken. Uuuuh, das war nicht so lecker. Hede ist vor der Milch davongelaufen, aber Großmutter meinte immer: ›Miez, du bist so ein kleiner, schmaler und schmächtiger Spatz. Dir tut die Kuhmilch sicher gut.‹ Großmutter mochte ich schon sehr; deshalb wollte ich sie nicht enttäuschen. In der einen Hand die Rose vom Opa und in der anderen die Milch von der Oma. Ich fühlte mich reichlich beschenkt.«

Anja: »Was ist denn deine früheste Erinnerung aus deiner Kindheit?«

Oma Maria: »Da fällt mir spontan meine Lieblingstante ein. Die durfte damals als Einzige schon eine Lehre machen.«

Anja: »Wieso durfte?«

Oma Maria: »Das war nicht wie heute, dass man dafür Geld bekam, sondern die Eltern mussten Lehrgeld bezahlen, dass das Kind unterrichtet und gelehrt wurde. Sie hat Putzmacherin gelernt.«

Anja: »Was guckste mich so an? Meinste, ich weiß nicht, was eine Putzmacherin ist?«

Oma Maria: »Weißt du es denn?«

Anja: »Eine Hutmacherin!«

Oma Maria: »Richtig. Dank ihr hatten wir schicke Kopfbedeckungen, genauso wie sie wunderbar Kleider nähen konnte. Sie hat sich um die modische Eleganz bemüht, aber sie konnte schlecht verlieren. *Mensch ärgere dich nicht* war mit ihr alles andere als elegant. Ja, ich sehe sie und die feschen Hüte, da war ich wohl so vier Jahre alt.«

Kurze Pause.

Oma Maria: »Ich habe wohl doch zu wenig von der Kuhmilch getrunken, deswegen bin ich auch so klein geblieben. Mehr als 1 Meter 63 habe ich nicht geschafft! In meiner Kindheit hatten immer alle Mitleid mit mir.«

Anja: »Die Durchschnittsgröße liegt heute bei 1 Meter 64. Damit bist du doch nicht klein!«

Oma Maria: »Je nachdem, wer dich betrachtet. Und mit Schuhgröße 40 bin ich definitiv nicht richtig zusammengebastelt.«

Anja: »Und was hast du noch gemacht, außer Kuhmilch zu trinken?«

Oma Maria: »Mein Onkel hatte zwei Schimmel und eine Kutsche. Das war toll. Er hatte eine Art Taxiunternehmen im Dorf, da es ja noch keine Autos gab. Damit hat er auch die Kurgäste von der Bahn im Nachbardorf abgeholt. Waren wir begeistert, wenn wir da mal mitfahren durften.«

Anja: »Keine Autos! Das ist unvorstellbar für mich. Mensch, musstet ihr viel laufen.«

Oma Maria: »Das waren wunderschöne Jahre bei

meinen Großeltern. Leider ist meine Großmutter nicht alt geworden, nur 76. Aber mein Großvater wurde 92.«

Anja: »Wenn man acht Kinder zur Welt bringt, ist man ja auch ganz schön ausgelaugt.«

Oma Maria: »Ach ja, jetzt fällt's mir wieder ein. Meine erste Erinnerung war die ans Christkind. Gespielt von meiner Cousine. Steht sie da, hell leuchtend am Christbaum.«

Papa: »Bist du sicher? Ich glaube eher, der *Christbaum* hat geleuchtet, nicht *sie.*«

Oma Maria: »Haha! Irgendwie hat alles geglitzert, und ich habe wirklich geglaubt, sie ist das Christkind. Eine schöne Erinnerung. Überhaupt, in so viel Natur und frischer Luft war meine Kindheit schon sehr unbeschwert, und ich fühlte mich sehr geliebt. In so einer großen Familie ist immer was los. Es gibt ständig was zu tun. Im Sommer war für den Hotelbetrieb jede helfende Hand gern gesehen. Auch lauschte man gerne den Geschichten der Gäste, die aus so unterschiedlichen Teilen Deutschlands kamen. Dadurch war das Dorf auch nie ein in sich verschlossenes Gebiet, sondern offen für die ganze Welt. Und dabei wusste ich damals noch gar nicht, wie groß die Welt wirklich ist. Außerdem war ich glücklich, an der Grotte zu spielen, im Ueßbach zu plantschen und mich zu bewegen.«

Anja: »Da sieht man mal wieder: Den Bewegungsdrang hattest du schon von klein auf.«

Oma Maria: »Ja, manches wird einem schon in die Wiege gelegt.«

Anja: »Wie haben sich denn deine Eltern kennengelernt, wenn dein Vater aus Düsseldorf kam?«

Oma Maria: »Im Winter blieben die Kurgäste aus, und die Mädchen aus dem Dorf, also auch meine Mutter, gingen als Hausmädchen in die Stadt nach Düsseldorf. Bei einem gemeinsamen Kaffeetrinken mit einer Freundin wurden sie einander vorgestellt. Mein Vater war sofort ganz hin und weg von dem Mädchen vom Lande.«

Anja: »Oh! Liebe auf den ersten Blick! Das ist ja süß!«

Oma Maria: »Dein Ur-Opa war zehn Jahre älter als sie und vom Schlosser zum Büroleiter aufgestiegen. Er suchte ein Mädchen, das gut einen Haushalt führen konnte. Das Problem war nur, Jakob war schon offiziell verlobt.«

Papa: »Ach, das hat man mir nicht mitgeteilt.«

Oma Maria: »Mein Vater wollte seine Verlobte eh nicht, und die ihn auch nicht. Nachdem er sich von dieser Vereinbarung glücklicherweise lösen konnte, musste er noch mindestens zwei Jahre um die Hand meiner Mutter werben. Aber er hat einen sehr guten Eindruck bei den Geschwistern hinterlassen, nur fanden sie ihn ein bisschen zu klein.«

Anja: »Von wegen zu wenig Kuhmilch! Du kommst nach deinem Vater!«

Oma zieht ein Album mit alten Fotos heraus.

Anja: »Deine Mutter hat ja ein schwarzes Kleid an! Ist das wirklich das Hochzeitsfoto?«

Oma Maria: »Es wurde damals selbstverständlich in Schwarz geheiratet. Das kam durch den Einfluss des streng katholischen spanischen Königshofes, und Schwarz wurde von allen Gesellschaftsschichten getragen. Damit wirkte man zum einen sehr christlich, was damals wichtig war, weil die Religion einen viel höheren Stellenwert hatte, als es heute der Fall ist. Und man konnte die Kleider auch noch zu vielen anderen Anlässen tragen – zumal sie leichter sauber zu halten waren.«

Anja: »Und Schwarz macht schlank!«

Oma Maria: »Haha. Also, das Problem gab's damals noch nicht.«

Wasser lassen

Anja: »Oma, musstest du nicht zur Toilette?«

Oma Maria: »Nee, hab die Beine übereinandergeschlagen, geschlossen für heute.«

Der Hahn im Korb

Papa fliegt mit Oma nach Spanien. Für sechs Wochen, als eine Art zweite Kur nach der OP. Der Urlaub soll Oma helfen, leichter durch das Frühjahr zu kommen und mehr Sonne zu tanken. Früher ist Oma immer mit ihrer Freundinnen-Clique nach Portugal geflogen. Die

Ladys sind natürlich alle jünger als Oma, so zwischen 80 und 85 Jahre jung, denn andere 100-Jährige hatte sie noch nicht auf ihren Reisen angetroffen!

Ihre Mädels sind ganz aus dem Häuschen, als sich herausstellt, dass Maria wieder fit genug ist, um zu fliegen. Und die Überraschung ist perfekt, als sie hören, dass sie nicht alleine kommt, sondern noch ihren Sohn mitbringt, der verhältnismäßig jung und – das Wichtigste – alleinstehend ist.

»Ich bin alleinerziehend (damit meint er Oma), und das Pech des Vaters in der Liebe ist das Glück der Mutter im Alter«, sagt Papa gerne. Und für die Damengesellschaft ist er nun der Hahn im Korb. Er steht dem ganzen Unternehmen eher kritisch gegenüber, denn im Urlaub ist er nicht nur Omas Gesellschafter, nein, das ganze Damenkränzchen will unterhalten werden. Nach ein paar Wochen rufe ich mal an, um mir bestätigen zu lassen, was ich schon ahne.

Anja: »Und, Oma? Wie ist es?«

Oma Maria: »Phantastisch. Das Wetter, das Essen und Jochen machen sich ausgezeichnet. Das hätten wir schon viel früher machen sollen. Haben wir einen Spaaaaß! Also, wie er gestern mit Annegrete getanzt hat – einfach toll! Schade, dass ich noch nicht so beschwingt mittanzen darf.«

Anja: »Haha. Ich sehe schon, du willst gar nicht wieder heimkommen.«

Oma Maria: »Also, wenn du nicht wärst, Spätzchen, würden wir uns hier eine Wohnung nehmen und die in Rosenheim aufgeben.«

Papa: »Mutter, lass mich mal ans Telefon, bevor du uns noch unglücklich machst.«

Anja: »Was ist los, Papa? Wie ist das Leben in so einem Harem?«

Papa: »Das ist richtig harte Arbeit, all den Damen die Wünsche von den Augen abzulesen. Kannst daheim schon mal 'ne Kur für mich beantragen.«

Anja: »Wollt ihr nicht dortbleiben?«

Papa: »Einmal und nie wieder!«

Oma Maria: »Flieg doch auch hierher, Spätzchen!«

Papa: »Untersteh dich, bleib, wo du bist!«

Anja: »Alles klar. Versteh schon ...«

Papa: »Und lass mich bitte niiiiie mehr alleine mit Mutter in den Urlaub fahren!«

Du bist, was du isst

Ich bin zum Abendessen eingeladen. Oma kommt gerade aus Papas Zimmer, als ich die Wohnung betrete.

Oma Maria: »Jochen, wie sieht es nur in deinem Zimmer aus? Du könntest auch mal wieder aufräumen!«

Anja: »Haha, herrlich! Papa, wie ist das so, wenn einen die 102-jährige Mama zurechtweist?«

Papa: »Ich komme mir vor, als wäre ich wieder zehn!«

Oma Maria: »Dann ist ja gut. Das hält dich jung!«

Anja: »Ich habe Kartoffeln für heute Abend mitgebracht.«

Oma Maria: »Sehr schön, dann gehen wir gleich mal in die Küche.«

Anja: »Und hier noch Zucchini aus dem Garten.«

Oma Maria: »Ach, toll, da werden die Zucchini-Bratlinge gleich noch besser gelingen!«

Und das macht Oma immer noch gerne. Hinterm Herd stehen und kochen. Am liebsten Bratkartoffeln mit Salat und ganz vielen Kräutern. Zucchini-Bratlinge sind heute mein Wunsch. Ich sitze am kleinen Küchentisch und schäle Kartoffeln. Beim Kochen hat sie gerne Gesellschaft und erzählt dann drauflos.

Anja: »Oma, nimm bitte nicht so viel Knoblauch. Denk an meinen Kusspartner.«

Oma Maria: »Knofi ist aber so gesund. Ich sag dir, damit wird man mindestens 100 Jahre alt.«

Ich schaue sie streng an.

Oma Maria: »Versteh schon, mit Knoblauch-Küssen eher nicht.«

Anja: »Ich habe die Kartoffeln fertiggeschält.«

Oma Maria: »Sehr schön. Dann darfst du sie jetzt reiben. Und danach die Zucchini. Ich schneide die Zwiebel.«

Hier kommt das einfache, aber leckere Rezept für Zucchini-Bratlinge à la Oma Maria für 2 bis 3 Personen:

4 große Kartoffeln
1 Zucchini
1 Zwiebel
1 kleine Knoblauchzehe

Alles in eine Schüssel reiben. Dann folgende Zutaten hinzufügen:

2 Eier
2 EL Haferflocken
2 gehäufte EL Mehl

Und je eine gute Prise von:
Salz
Koriander
frisch gemahlenem Pfeffer
Paprikapulver süß
Muskatnuss

Daraus kleine Bratlinge formen.

Oma Maria: »... und dann werden die kleinen Puffer in einer gusseisernen Pfanne bei mittlerer Hitze in Butterschmalz knusprig braun angebraten. Das ist eine Sünde.«

Anja: »Währenddessen schon die Küche lüften.«

Oma Maria: »Und man muss die Puffer am Ende auf Küchenpapier vom Fett abtropfen lassen.«

Während die Bratlinge so vor sich hin brutzeln, denke ich über Omas Ernährung nach. Ist eine ausgewogene

Ernährung wichtig, um ein hohes Alter zu erreichen? Ich weiß, dass gutes Essen schon immer eine große Rolle in ihrem Leben gespielt hat. Sie ist aber weder Vegetarierin, noch isst sie besonders viel Fleisch. Sie bereitet nur vieles selber zu. Zu jedem Gericht gibt es Gemüse oder Salat. Auch jetzt zu den Bratlingen machen wir Salat, als Ausgleich zu dem ganzen Butterschmalz. Apropos Butter: Ganz wichtig ist echte Butter. Bloß keine Margarine. Da versteht sie auch keinen Spaß. Wehe, ich schmiere mir keine Butter unter was auch immer ich auf meine Brotscheibe lege. Sofort zieht sie eine Grimasse und schaut mich kritisch an. »Oma, das ist Obatzda! Da brauch ich nix drunter.« Und dann erklingt der immer wiederkehrende Satz: »Anja-Spätzchen, nimm bitte Butter. Auch die Nerven brauchen Nahrung!«

Anja: »Das kannst du laut sagen!«

Zu Pralinen und edlen Tropfen konnte Oma noch nie nein sagen. Bier und Wein trinkt sie bis heute gern in Gesellschaft.

Oma Maria: »Ein Glas Wein bekommt von mir nie ein Nein!«

Darüber hinaus habe ich beobachtet, wie sie sicherlich 20 Jahre lang Vitamin E zu sich genommen hat. »Für die Gesundheit«, meinte sie immer. Damit soll sie wohl recht behalten.

Oma bringt die duftenden Bratlinge an den Tisch.

Anja: »Papa, Essen ist fertig! Kommst du?«

Papa: »Ich habe aber mein Zimmer noch nicht fertig aufgeräumt!«

Anja: »Wenn es danach ginge, würdest du eh verhungern.«

Papa: »Was haben wir euch früher eigentlich gesagt, wenn ihr eure Zimmer nicht aufgeräumt habt?«

Anja: »Wir durften nicht mehr fernsehen! Und, Oma, was passierte, wenn du nicht ›gehorsam‹ warst?«

Oma Maria: »Ich war immer brav!«

Anja und Papa: »Haha! Das glauben wir dir nicht.«

Oma Maria: »Guten Appetit!«

Anja: »Warst du niemals frech, zum Beispiel in der Schule?«

Oma Maria: »Nein. Das Einzige war, dass ich manchmal etwas länger brauchte, um auf manche Fragen antworten zu können.«

Anja: »Na, das ist ja heute zum Glück ganz anders.«

Schule ist, was man draus macht

Oma Maria: »So richtig aufpassen im Unterricht konnte ich nicht immer. Wie auch, bei so einem trockenen Unterricht? Mein Vater ging mit mir raus und lehrte mich direkt in der Natur die Namen der Pflanzen und der Tiere. Er hob einen Marienkäfer auf und zeigte mir den Unterschied zu einem Maikäfer. Oder wir standen neben einer Kuh, und er erklärte mir, warum sie Milch gibt.«

Anja: »Und wie lautete seine Erklärung?«

Oma Maria: »Weil sie sonst so viel pinkeln muss, haha. Darüber hinaus zog er mit mir und seiner Kamera viele Tage übers Land, hielt die Tiere und die eindrucksvolle Natur damit fest. Das ist doch viel spannender, als in so einem staubigen Klassenzimmer zu sitzen. Und ich konnte rumlaufen.«

Anja: »Kannst du dich noch an deine Schultüte erinnern?«

Oma Maria: »Schultüten haben nur die bekommen, die mehr Geld hatten. Wir bekamen eine Art Beutel. Und es gab auch keine Schuluniform. Ich hatte Rechnen gerne. Das mag ich auch heute noch.«

Anja: »Vielleicht ist dein Gehirn deswegen noch so fit.«

Oma Maria: »Na, ich zieh nicht gleich meine Sprechanlage hervor wie du, wenn ich mal was ausrechnen muss. Das geht alles noch im Kopf. Überhaupt: Wenn, dann hatte man einen Taschenrechner, aber doch nicht ein Telefon, das auch noch fotografieren kann. Ich gebe zu, da komme ich bald nicht mehr mit.«

Anja: »Du hattest schon einen Taschenrechner?«

Oma Maria: »Nein, in meiner Schultasche befanden sich nur eine Schiefertafel, ein Griffel und ein Putztuch. Und die Lehrer waren nicht immer nett, aber ich war unschuldig wie immer. Hihihi.«

Ich mache ein Foto mit meiner »Sprechanlage« von den köstlich aussehenden Bratlingen fürs Rezeptbuch. Oma schaut skeptisch, als ich das Fotografieren noch zweimal wiederhole.

Papa: »Hat es nicht freundlich genug gelächelt?«

Anja: »Schmeckt es denn?«

Papa: »Hervorragend, wie immer. Ich hoffe, ihr habt genug gemacht!«

Oma Maria: »Ich habe früher in der Schule gerne warme Milch mit Zwieback gegessen. Die gab es immer in dem Emaille-Becher, den ich von zu Hause mitbrachte!«

Plötzlich ertönt ein »Ping«!

Papa: »E-Mail!«

Oma Maria: »Nein, Emaille!«

Anja: »Papa meint das ›Ping‹.«

Oma Maria: »Auf deiner Sprechanlage?«

Anja: »Ja, ich habe eine E-Mail auf meinem Handy erhalten.«

Oma Maria: »Anja-Spätzchen, nicht beim Essen.«

Anja: »Oma, ich habe gar nix gemacht.«

Oma Maria: »Und was ist jetzt mit der I-Mehl?«

Anja: »Das heißt ›i – mäh – l‹, Oma.«

Oma Maria: »Also, so langsam bin ich doch ein wenig neidisch auf dein kleines Ding! Was das alles kann. Wollt ihr mir nicht auch mal so eines kaufen?«

Papa: »Mutter, erst einmal kannst du meines ausprobieren.«

Oma Maria: »Als Kind kam ich einmal zum Aufpäppeln zu Bauersleuten nach Dornbirn in Österreich. Die Menschen dort habe ich wegen ihres Dialektes sehr schwer verstanden, und was sie gekocht haben, mochte ich nicht. Zum Glück gab es einen netten Nachbarsjungen. Er gehörte zu einer großen und lauten Familie aus Italien, hatte rabenschwarzes Haar und die schwärzesten Augen, die ich bis dato gesehen hatte.«

Anja: »Ach, daher deine Vorliebe für schwarzhaarige Männer!«

Oma Maria: »Ja, das könnte sein. Auch wenn ich sie auch kaum verstanden habe, schenkte mir die Familie jeden Tag ein Butterbrot mit Marmelade. Das aß ich mit Genuss.«

Anja: »Noch jemand einen Nachtisch?«

Ich stehe auf und gehe zum Süßigkeiten-Schrank. Seit ich denken kann, ist in der gleichen Schublade immer was zum Naschen drin. Ich bringe eine fast leere Schachtel Pralinen mit an den Tisch.

Anja: »Oma, warst du schon wieder an den Pralinen?«

Oma Maria: »Ich? Hihi, das muss ein *falscher Irrtum* sein.«

(Falscher Irrtum. Ein Lieblingsausdruck von Oma. Natürlich war sie an den Pralinen, und es handelt sich nicht um einen Irrtum. Nur um das nicht zugeben zu müssen, kommt zur kompletten Verwirrung des Gegenübers noch ein »falsch« davor. Und sie hat wieder recht. Ein Irrtum, der falsch ist, ist richtig, oder?)

Oma Maria: »Gibst du mir bitte eine Champagner-Praline?«

Anja: »Hab ich grad gegessen. Es gibt noch Mocca oder Orange-Trüffel.«

Oma Maria: »Bist du aber flink.«
Anja: »Na, von wem hab ich's wohl?«

Frauentausch

In letzter Zeit fällt es Oma immer schwerer zu stricken. Man muss wissen: Wenn Oma nicht auf Reisen ist, dann strickt sie. Pullover, Jacken, Socken, Mützen. Es fehlt eigentlich nur noch die Unterwäsche.

Oma Maria: »Anja, willst du auch einen Pulli haben?«
Anja: »Oma, ich hab schon zwei von dir. Außerdem machst du die immer aus so kratziger Wolle.«
Oma Maria: »Die sind kuschelweich! Dann frag ich eben deinen Bruder.«
Anja: »Oma, weder mein jüngerer noch mein älterer Bruder wollen einen kratzigen Wollpulli!«
Oma Maria: »Das Stricken will eh nicht so, wie ich will. Dann hätte ich jetzt gerne ein kleines Gläschen Cointreau.«
Anja: »Soll ich für dich weiterstricken?«
Oma Maria: »Wenn du möchtest!«
Anja: »Haha, nicht im Traum. Wir können aber gerne miteinander anstoßen. Denn Cointreau hab ich noch nie probiert.«
Ich stehe auf und gehe zum Süßigkeiten-Schrank. Neben den Pralinen stehen nämlich die Likörchen. Ich schenke uns beiden ein, und mir fällt fast das Glas aus der Hand, als ich koste.

Anja: »Bäh, Oma, wie kannst du nur? Schmeckt das gruselig!«

Oma Maria: »Ich find's köstlich!«

Ich stelle mein noch halbvolles Glas zur Seite. Gleich darauf genehmigt sich Oma noch mein Gläschen. »So was Gutes darf man ja nicht wegschütten.«

Oma Maria: »Wollen wir nicht etwas fernsehen?«

Anja: »Ich weiß nicht, was gerade läuft.« Ich schalte den Fernseher ein, zappe rum und bleibe bei einer Fernsehsendung hängen. »Sollen wir mal ›Frauentausch‹ anschauen?«

Oma Maria: »Was wird getauscht?«

Anja: »Ich glaube, Frauen tauschen ihre Haushalte. Hast du schon mal davon gehört?«

Oma Maria: »Nein. Tauscht man da Frauen wie auf einem Bazar gegen Kamele? Auf welchem Sender läuft das denn?«

Anja: »Ich habe es auch noch nie gesehen, aber im Prinzip weiß ich, dass zwei Familien ihre Mütter tauschen. Ich glaube, es läuft auf RTL 2.«

Oma Maria: »Oh, den Sender gucke ich selten. Da laufen immer so Sendungen, die irritieren mich. Aber wenn du möchtest ...«

In der aktuellen Folge tauscht eine alleinerziehende Mutter, kaum 20 Jahre alt, mit einer etwas älteren Mutter, die in einer lesbischen Beziehung lebt, die Familien. Die jüngere kommt damit gar nicht zurecht. Es wird eine sehr turbulente Folge.

Oma Maria: »Und wo sind die jetzt lesbisch?«

Anja: »Na, Oma, das sind doch zwei Frauen!«

Oma Maria: »Aber die eine sieht aus wie ein Kerl. Sagt die andere deswegen immer ›Kampflesbe‹ zu ihr? Was heißt das überhaupt, *Kampflesbe*? Muss die um ihre Beziehung kämpfen?«

Anja: »Oma, ich kann nichts verstehen, wenn du so viel dazwischenredest.«

Oma Maria: »Also, ich bräuchte einen richtigen Kerl.«

Anja: »Omma!!!«

Oma Maria: »Hat die junge Frau jetzt wirklich die Lesbe gefragt: ›Wie bist du gekommen zu drauf, Lesbe zu werden?‹ Ja, sag einmal: Können die ihren Text nicht richtig lernen?«

Anja: »Ach, du meinst, das ist scripted reality.«

Oma Maria: »Was? Sccccchhhhhh??? Das Wort bleibt einem ja im Hals stecken.«

Anja: »Das heißt *nachgespielte Realität*. Ich glaube aber fast, das ist echt.«

Oma Maria: »Waaaaaaaaaas? Ich dachte, das ist gespielt. Das ist aber nicht nett für die Mütter.«

Anja: »Wir können ja umschalten.«

Oma Maria: »Nein, nein, lass mal. Ich will das noch sehen.«

Anja: »Hör mal, Oma, sie sagt statt ›Blondine‹ immer ›Bondirne‹.«

Oma Maria: »Unglaublich ... Ich war als Kind auch immer superblond. Später wurde ich leider dunkler, und dann habe ich meine Haare gefärbt.«

Anja: »Oma, fernsehschauen oder erzählen?«

Oma Maria: »Ach, ich war 20 Jahre jung, und wir verwendeten zum Färben alle Kamille. Ansonsten haben wir unsere Haare nur mit gewöhnlicher Seife gewaschen. Schwarzkopf kam dann mit dem ersten Haarwaschmittel auf den Markt, das war aber noch lange nicht so wie heute. Es war pudriger.«

Anja: »Also, ich schalte jetzt aus.«

Oma Maria: »Nein, ich möchte noch sehen, wer gewinnt!«

Anja: »Gewinnt? Ich glaube, da geht es nicht ums Gewinnen.«

Oma Maria: »Also, wenn die eine Lesbe blond gefärbt wäre, würde sie viel hübscher aussehen. Blond war schon immer angesagt. Ob es Marlene Dietrich getragen hat oder Jean Harlow!«

Anja: »Oma! Ich mach jetzt aus.«

Oma Maria: »Bin schon still.«

Für genau fünf Minuten.

Oma Maria: »Ach ja, und Marilyn Monroe! Nur Audrey Hepburn, die wollte, glaube ich, ihre Haare nicht färben. Steht vielleicht auch nicht jedem, aber *ich* habe mich damit wohl gefühlt, und ich kann das zum Glück heute noch machen.«

Anja: »Trotzdem sehr strapazierend für die Haare. Ich kann ein Lied davon singen. Meine Haare halten das Blond nicht aus.«

Ich schalte den Fernseher aus. Oma schaltet ihn wieder ein.

Oma Maria: »Deine Haare sind auch viel zu lang. Ich habe ja immer einen Bubikopf getragen.«

Anja: »Und wieder können wir eine wissenschaftliche Angst beseitigen. Färben schadet nicht der Gesundheit!«

Oma Maria: »Und was macht unser Pärchen im Fernsehen?«

Anja: »Ich glaube, das war kein guter Tausch.«

Oma Maria: »Na, im Endeffekt wollen alle doch nur geliebt werden.«

Anja: »Stimmt. Und egal, in welchem Programm!«

Pommes mit Mayo

Es ist Sonntag und sonnig. Wir fahren alle zusammen an den Chiemsee, um eine Bootstour zu machen. Leider ist keines mehr zum Ausleihen da. Wir bleiben trotzdem und setzen uns ins Bootscafé und beobachten, wie eine Mutter sehr streng mit ihrem Kind umgeht.

Oma Maria: »Siehste mal, Jochen, wie gut du es mit mir hast!«

Papa: »Siehst du mal, Anja, wie gut du es mit mir hast!«

Anja: »Haha, ihr seid gemein. Zu wem soll ich das jetzt sagen?«

Oma Maria: »Zu deinem Freund.«

Anja: »Den behandele ich doch nicht wie ein Kind!«

Oma Maria: »Aber er ist doch ein Mann, oder?«

Ich hole Apfelschorle für alle und reiche davon ein Glas Oma rüber.

Oma Maria: »Auf der höheren Schule herrschte auch immer so ein strenger Ton.«

Anja: »Hattest du ein Lieblingsfach?«

Oma Maria: »Heimatkunde fand ich gut, da wusste ich ja einiges von meinem Vater. Musik war auch schön, denn zu Hause habe ich Geige gelernt. Wann immer es geht, höre ich Musik. Ist bis heute meine Leidenschaft. Das beschwingt die Seele.«

Anja: »Und eine beschwingte Seele ist glücklich.«

Oma Maria: »Und verlängert vielleicht auch das Leben.«

Anja: »Möchte noch jemand Pommes mit Mayo? Ich hole welche an der Strandbar.«

Papa: »Ich gerne.«

Oma Maria: »Ich auch!«

Papa: »Mutter, du willst fettige Pommes? So ganz ohne Salat?«

Oma Maria: »Bis wir wieder daheim sind, dauert es ja noch. Wolltet ihr nicht noch Boot fahren?«

Papa: »Na, nicht ablenken, Mutter! Willst du wirklich Pommes für dich alleine?«

Oma Maria: »Ich schnabuliere ein bisschen.«

Anja: »Dein Schnabulieren kenne ich!« Ich gehe los und bestelle drei Portionen.

Oma Maria: »Oh, die schmecken aber lecker. Hab ich ja noch nie gegessen.«

Anja: »Glaub ich dir nicht! Papa, glaub ich ihr das?«

Papa: »Ich bin mir gerade nicht sicher.«

Anja: »Pommes hießen doch schon immer Pommes, oder?«

Papa: »Na, wir haben auch Fritten gesagt.«

Oma Maria: »Ach, das sind Fritten? Die kenn ich. Aber sind die nicht dicker?«

Anja: »Oma! Das ist doch das Gleiche!«

Oma Maria: »Und mit der Mayo, das ist ja sündhaft gut.«

Sie vertilgt genüsslich die letzte Pommes. Als sie merkt, dass sie keine mehr hat, schielt sie vorsichtig zu unseren Tellern.

Anja: »Nee, Oma, is' nicht! Das sind meine.«

Und Oma guckt auf Papas Teller.

Papa: »Nein, ich teile heute nicht wie sonst.«

Anja: »Apropos teilen. Noch ein halbes Abendbierchen für dich, Oma, dann muss ich nach München zurück.«

Oma Maria: »Dann lass ich mir ganz viel Zeit mit meiner Hälfte.«

Schweinefleisch süß-sauer

Anja: »Oma, was möchtest du eigentlich an deinem 103. Geburtstag machen?«

Oma Maria: »Ja, gute Frage. Wollen wir alle zusammen essen gehen? Vielleicht zum Chinesen?«

Anja: »Also, das muss schon größer gefeiert werden. Außerdem haben wir Einjähriges mit deinem Schweineherz. Das muss doppelt gefeiert werden.«

Oma Maria: »Mit Schweinefleisch süß-sauer?«

Anja: »Haha! Oh Mann, Oma! Nein, natürlich nicht!«

Oma Maria: »Frei nach Wilhelm Busch:

›Ein kluger Mann verehrt das Schwein.
Er denkt an dessen Zweck.
Von außen ist es ja nicht fein.
Doch drinnen sitzt der Speck!‹«

Anja: »Du kannst ja noch ein Gedicht auswendig. Ist also doch noch was aus der Schulzeit hängengeblieben!«

Oma Maria: »Nein, das habe ich gerade in der Zeitung gelesen.«

Anja: »Haha.«

Oma Maria: »Und guck mal, hier sind ganz schicke Kostüme drin. Das erinnert mich an früher. Nach der Schule kam ich ja zu einem Düsseldorfer Herrenausstatter, die hatten auch so wunderbare Anzüge aus den edelsten Stoffen.«

Anja: »Hast du wegen der eleganten Tante diese Lehre ausgewählt?«

Oma Maria: »Ja, auch, und mir lag das Nähen. Ich habe Weißnähen, Flicken und Stopfen gelernt. Sowie das Nähen und Ausbessern von Haushalts- und Unterwäsche, Oberhemden und Blusen.«

Anja: »Macht ja heute kein Mensch mehr.«

Oma Maria: »Ich habe das Gefühl, wenn was kaputtgeht oder jemand ein Loch hat, kaufen die meisten sich einfach etwas Neues. Und dabei ist die Qualität gar nicht so gut. Ein echtes Wollhemd, sag ich dir, ist das Beste, was du haben kannst.«

Anja: »Ja, ich weiß, Oma, das hält immer schön die Nieren warm.«

Oma Maria: »Ich habe später bei meiner neuen Stelle in einem Stoff- und Deckenfachgeschäft meine ganze Familie mit Steppdecken ausgestattet. Wusstest du, dass man Leute, die ein Rückenleiden haben, nicht einfach mit Daune zudecken darf? Die sollten sich immer Wolle unterlegen, die ist gezupft und leicht. Schafswolle ist gut für Sommerbetten und Winterbetten. Reine Baumwolle drüber und fertig.«

Anja: »Was hast du jetzt für eine Decke?«

Oma Maria: »Ich habe immer noch Daune und liege auf einer Kamelhaardecke. Sommers wie winters, sonst kann ich nicht schlafen. Und guter Schlaf ist das Allerwichtigste. Heutzutage mache ich auch immer ein Mittagsschläfchen, das ist herrlich. Ich glaube, das mache ich jetzt auch. Willst du uns derweil was beim Chinesen bestellen? Ich möchte heute Abend nichts kochen.«

Anja: »Wir können ja schon mal ein Geburtstagsmenü testen!«

Oma Maria: »Aber *ohne* Schwein natürlich. Bis später.«

Also fahre ich zum Chinesen und bestelle Omas Lieblingsgericht – Hühnchen mit rotem Curry. Als die Angestellten im Restaurant hören, für wen mal wieder die Bestellung ist, sind sie ganz aus dem Häuschen. Ich soll unbedingt mal wieder mit der Oma zum Essen vorbeikommen. »Machen wir«, sage ich, »denn wir würden gerne Omas 103. Geburtstag bei euch feiern!« Also, so einen strahlenden Chinesen habe ich selten gesehen. Das liegt sicherlich nicht zuletzt an dem hohen Stellenwert, den ältere Familienmitglieder grundsätzlich in der asiatischen Familie haben. Dort gilt der Greis, der sich in die Einsamkeit der Wälder zurückzieht, als verehrungswürdig. Und wegen seiner großen Lebenserfahrung sucht man ihn als Lehrer auf.

Oma wohnt zwar nicht im Wald, aber trotzdem freut sich immer das gesamte Restaurantpersonal, wenn ihre »Lieblingsgreisin« zum Essen kommt. So wie auch bei unserem letzten Restaurantbesuch. Die Runde Pflaumenwein ging natürlich aufs Haus, Glückskekse und Kroepoek gab es noch obendrauf. Und dann fragte die Chefin, ob sie ein Foto von sich und Oma machen dürfe, um es auf der Facebook-Seite des Restaurants zu veröffentlichen. Oma freute sich darüber wie verrückt. Und am Ende durften wir natürlich alle mit aufs Foto.

Das ist dann wohl die moderne Art der Verehrung.

JAHR: 2013 – ALTER: 103 JAHRE

Die Liebe kommt, die Liebe geht …

Meine fünfjährige Beziehung geht in die Brüche. Das ist ein echter Schlag, und es lag sicherlich nicht an den Knoblauch-Küssen. Aber wie sagt Oma: »Immer weitergehen! Nicht stehen bleiben!«

Also keine Hochzeit, keine Kinder. Dabei bin ich ja auch nicht mehr die Jüngste. Na ja, auf diese Weise haben wir wieder etwas gemeinsam. Omas Uhr tickt, und meine jetzt auch.

Während ich noch so überlege, wann ich Oma davon erzählen soll, ruft Papa an: »Oma ist gestürzt und hat einen Oberschenkelhalsbruch!«

Anja: »Waaaaaas? Wie ist das denn passiert?«

Papa: »Du kennst sie ja. Es kann ihr nie schnell genug gehen. Wir kamen vom Einkaufen. Und für den Weg vom Auto bis zur Haustüre wollte sie meine Hand nicht. Sie ging alleine bis zum Haus und rutschte dann bei der Haustürtreppenstufe aus. Sie reagierte zwar blitzschnell und wollte sich an der Mülltonne festhalten, die aber war leer und hielt ihrem Fliegengewicht natürlich nichts entgegen.«

Anja: »Autsch!«

Papa: »Genau. Zusammen mit der Mülltonne knallte sie mit voller Wucht auf den Boden! Jetzt sind wir im Krankenhaus, und Oma hat einen erstklassigen, vorzeigbaren Oberschenkelhalsbruch. Mal sehen, wie es jetzt weitergeht.«

Anja: »Soll ich vorbeikommen?«

Papa: »Nein, brauchst du nicht. Sie ist gut drauf. Ich gebe sie dir mal.«

Oma Maria: »Ach, Anja-Spätzchen, deine Oma macht Sachen!«

Anja: »Wir sagen es immer wieder: Du sollst nicht so schnell machen!«

Oma Maria: »Aber ihr seid alle zu langsam für mich! Und wäre die Tonne voll gewesen … Ach, egal, das wird schon wieder!«

Anja: »Sehr gut, das ist die richtige Einstellung. Und sag Papa bitte, er soll sofort anrufen, wenn was ist.«

Auf Omas Unglück folgt auch noch Pech, denn die Ärzte können sie nicht vor dem nächsten Morgen operieren. Und den Eingriff selbst übersteht sie leider auch nicht gut. Ich komme gerade aus einer Besprechung, als mein Vater wieder anruft.

Papa: »Leider sieht es gar nicht gut aus. Oma liegt im Koma. Wenn du noch mal kommen möchtest, dann musst du dich beeilen!«

Ich bin geschockt! Oma hat immer wieder betont, dass sie es sich wünscht, dass Papa und ich ihr beide die Hand halten, wenn sie stirbt, da sie immer davon ausging, friedlich einzuschlafen. Und wenn wir beide da sind, sagte sie, könne sie beruhigt gehen.

Eine Autostunde später und einmal quer durch das gesamte Krankenhaus gerannt, klopfe ich völlig außer Atem an ihre Zimmertür. Oma ist noch nicht wieder erwacht, aber auch nicht gestorben. Papa sieht hundeelend aus.

Wir halten zusammen Nachtwache bei ihr.

Zum Glück wacht sie um 6 Uhr in der Frühe wieder auf. Zunächst ist sie nicht mehr dieselbe: Sie sieht Menschen, die schon lange gestorben sind, und spricht mit Menschen, die sich nicht im Raum befinden. Doch ganz langsam wird sie wieder kräftiger und kann glücklicherweise schon nach einer Woche aus dem Krankenhaus entlassen werden. Langsam entgiftet sich auch ihr Körper von dem Anästhesiemittel, und Oma wird wieder klar im Kopf. Und ich komme nicht umhin, ihr von meiner Trennung zu erzählen. Sie bedauert das natürlich sehr, und wer weiß, vielleicht wird das ja wieder.

Aufgepäppelt von Papa, der Nachbarschaftshilfe und ihren Nachbarn kehren ihr ganzer Lebensmut und natürlich auch ihre Reiselust wieder zurück.

Oma Maria: »Und, habt ihr euch wieder versöhnt?«

Anja: »Ach, Oma, nein. Ich glaube, das wird nix mehr mit mir und der Liebe. Also, auf meine Hochzeit brauchst du nicht mehr zu warten. Ich glaube langsam, *du* würdest noch eher den richtigen Mann finden als ich.«

Oma Maria: »*Du* wirst ihn schon noch finden …«

Anja: »Hast du das im Jenseits gesehen?«

Oma Maria: »Wer weiß? Vielleicht bin ich jetzt ein Orakel?«

Der Mann am Klavier

Anja: »Erzähl mir lieber mal von dir und Opa.«

Oma Maria: »Dein Opa Erwin war meine große Liebe und kam auch aus Essen. Hochgewachsen …«

Anja: »Dunkelhaarig!«

Oma Maria: »Wie du mich immer durchschaust!«

Anja: »Haha. Ich kenn doch Fotos von Opa! Wann war das noch mal genau?«

Oma Maria: »Karneval 1932 in einem Tanzcafé!«

Anja: »Als was warst du verkleidet?«

Oma Maria: »Ich ging als Marlene Dietrich aus *Der blaue Engel.* Allerdings ohne Strapse, dafür mit schwarzer Satinhose.«

Anja: »So ganz allein?«

Oma Maria: »Alleine als unverheiratetes Mädchen ging man nicht aus. Meine Freundin war noch mit dabei. Und meine Eltern!«

Anja: »Die saßen mit am Tisch?«

Oma Maria: »Nein, die durften in das Restaurant nebenan. Da waren auch noch andere Eltern!«

Anja: »Und Opa? Du hast ihn gesehen, und es war um dich geschehen?«

Oma Maria: »Eigentlich kann man sagen, bevor ich ihn sah, hörte ich ihn. Er war ja der Mann am Klavier, spielte laut und fröhlich auf, machte Stimmung und unterhielt die Leute. Und ein Mann am Klavier hat einfach was! Deswegen übe du schön weiter.«

Anja. »Mach ich doch gerne. Und dann?«

Oma Maria: »Ich bin hin zu ihm und habe mir ein sehr angesagtes Lied von Zarah Leander gewünscht: ›Das gibt's nur einmal, das kommt nie wieder‹, aus dem deutschen Kinofilm von 1931, *Der Kongress tanzt.*«

Anja: »Hast du ihn dabei schon angeflirtet?«

Oma Maria: »Was glaubst du denn? Natürlich. Danach hat er mich dann zum Tanz aufgefordert, wollte einen Tango mit mir tanzen. Das war damals der aufkommende Modetanz. Und in dem Augenblick haben wir uns dann ineinander verliebt!«

Anja: »Aaahh, sehr romantisch.«

Oma Maria: »Hach, es war auch eine schöne Liebe, nur leider zu kurz.«

Anja: »Und was war mit der Verhütung?«

Oma Maria: »Darüber sprach man nicht. Es gab ja den Spruch, ›Du hast den Segen der Kirche‹. DAS war die Verhütung. Und nach elf Monaten kam dann das erste Kind.«

Anja: »Das nenn ich flott! Und wie war das mit dem Heiratsantrag?«

Oma Maria: »Jetzt kommt erst das Rennen und dann ... Da fällt mir ein, ich muss noch meine Antibabypille nehmen.«

Anja: »Was musst du?«

Oma Maria: »Ach, Anja-Spätzchen, ich meine die Blutverdünner, wegen dem Oberschenkel.«

Backe, backe Kuchen

Anja: »Papa, wo sind denn die alten Fotoalben?«

Papa: »Hat das nicht Zeit?«

Anja: »Nee, ihr habt doch Omas Freundin nachher eingeladen. Dann hat Oma wieder keine Zeit für mich.«

Papa: »Ich glaube, die Alben von Oma sind ganz hinten links im Schrank.«

Oma Maria: »Anja, willst du auch ein Stück köstliche Käsesahnetorte?«

Anja: »Ist das nicht für den Besuch nachher?«

Oma Maria: »Ach, dann holen wir halt noch mal was.«

Anja: »Na gut, dann für mich ein Stück vom Himbeerkuchen, bitte! Papa, was willst du?«

Papa: »Den Bienenstich!«

Anja: »Seit wann kauft ihr denn den Kuchen?«

Oma Maria: »Ich hätte ja gerne selber gebacken, aber ich kann mit meinen Händen das Rührgerät nicht mehr so gut halten.«

Anja: »Oh nein, Oma, du wirst doch jetzt mit deinen 103 nicht schlappmachen?«

Papa: »Und ich lerne in meinem Alter noch Kuchen backen!«

Anja: »Ich sehe hier nur gekauften …«

Papa: »Ich brauche ein gutes Vorbild.«

Oma Maria: »Er hat ja jetzt immerhin schon gut kochen gelernt.«

Anja: »Ich habe Papa früher nicht ein Mal kochen gesehen. Ich glaub es ja nicht.«

Papa: »Essen auf Rädern wollte Mutter nicht!«

Oma Maria: »So weit kommt es noch.«

Anja: »Ich kann gerne das Kuchenbacken übernehmen.«

Oma Maria: »Du kommst aber zu selten!«

Anja: »Oma, ich kann hier nicht auch noch einziehen.«

Oma Maria: »Schade. Noch jemand Kaffee?«

Anja: »Oma, nach Mittag für uns doch nicht mehr. Hier, guck mal.«

Oma Maria: »Ach ja, mein Hochzeitsfoto. Schön – ja, und nach der Hochzeit sind wir dann endlich in unser eigenes Heim gezogen.«

Anja: »Echt, wie habt ihr euch denn das leisten können?«

Oma Maria: »Erwin verdiente sein erstes Geld als Forschungsingenieur und bekam einen Job in der Niederlausitz. Das liegt in Brandenburg, und wir zogen in ein kleines Häuschen mit einem eigenen Garten. Das war damals schon sehr toll.«

Anja: »Hier, nimm das letzte Stück, ich backe euch noch schnell einen Kuchen.«

Oma Maria: »Dann kann ich deinen aber nicht mehr probieren.«

Das glaube ich ihr eh nicht. Während sie erzählt, habe ich bereits einen Kuchenteig zubereitet und ihn in den Ofen geschoben.

Anja: »Noch 15 Minuten, dann ist er fertig!«

Oma Maria: »Was machst du denn für einen Kuchen?«

Anja: »Kirschkuchen. Und was hast du damals den ganzen Tag gemacht?«

Oma Maria *lacht*: »Na, Mutter sein. Die Wäsche musste gewaschen werden, eine Waschmaschine gab es noch nicht, und Hemden bügeln. Da ist man lange beschäftigt. Dann habe ich natürlich jeden Tag für alle gekocht. Und den Haushalt gepflegt.«

Anja: »Und was habt ihr gemacht, wenn ihr nicht zu Hause gewesen seid?«

Oma Maria: »An den Wochenenden gingen wir oft ins Licht- und Luftbad, am Baldeneysee, und ... Ohhh, wie der Kuchen duftet ...«

Da klingelt es auch schon an der Tür. Oma macht auf, und wie schön ist die Wiedersehensfreude mit ihrer langjährigen Freundin.

In Südtirol

Da Oma mit ihrem, wenn auch gut verheilenden Oberschenkelhalsbruch noch nicht alles machen kann, entscheiden wir uns für ein nahes Urlaubsziel, nämlich

Südtirol. Von Rosenheim sind es nach Sterzing entspannte zwei Stunden mit dem Auto. Das ist für Oma gut auszuhalten. Und: Diese Reise ist der Auftakt einer schönen Tradition, die da heißt: Drei Generationen machen zusammen Urlaub. Oma, Papa und ich – das funktioniert fast von selbst. Jeder bringt – seinem Alter entsprechend – das Beste mit: Oma die Begeisterung für all die schönen Dinge am Wegesrand, die sie noch einmal sehen darf – sie weiß ja nie, ob aus diesem »noch mal« ein Noch mal und Noch mal werden wird. Papa und ich allerdings auch nicht.

Papa steuert das Auto bei, einen kleinen schwarzen Kia, aus dem Oma flink ein- und aussteigen kann. Dass der sich bei der Hitze schön aufheizt, das ignorieren wir einfach. Oma allerdings nicht. Sie kämpft noch vor der österreichischen Grenze mit der Sonne.

Oma Maria: »Hast du ein Handtuch für mich, Anja-Spätzchen? Die Sonne verbrennt mir die Haut.«

Anja: »Nein, tut sie nicht!«

Oma Maria: »Meine Haut ist doch nur noch wie Pergament. Hast du kein Tuch, damit ich mich damit bedecken kann?«

Anja: »Oma, wir können dich für die Fahrt auch mumifizieren, wenn es dann besser für dich auszuhalten ist!«

Oma Maria: »Das würde euch so passen, damit ich nix mehr sagen kann!«

Papa: »Mutter, wir könnten doch niemals auf deine wertvollen Kommentare während der Fahrt verzichten. Damit bist du der beste ›Steuer-Berater‹.«

Ich sitze hinten und fühle mich wieder wie zwölf. Toll, es geht mit Oma und Papa in den Urlaub. Lustigerweise haben wir das nie gemacht, als ich klein war, denn Oma ist immer alleine auf Reisen gegangen.

Ich brauche auch keine Sorge vor Langeweile zu haben, denn wer Oma dabeihat, wird mehr als unterhalten. Das ist echt cool. Außerdem tanzen wir sowieso nach ihrer Pfeife. Sie entscheidet, *wann* wir Pausen machen, *wann* wir essen, was *sie* sehen will, denn ihr Wohl liegt uns besonders am Herzen. Ich habe beide allerdings dazu überreden können, kein Hotel für die Übernachtung zu buchen, denn wir wissen ja nicht, ob Oma nicht doch wieder nach Hause will, weil ihr doch alles zu viel wird. Und übers Internet findet man ja auch kurzfristig eine Unterkunft.

Anja: »Wollen wir hier in Sterzing schon mal die erste Mittagspause einlegen?«

Oma Maria: »Ja, gerne, darf ich schon ein Eis zu Mittag essen?«

Gesagt, getan! Wir setzen Oma in den Rollstuhl und schieben sie langsam durch die Fußgängerzone des beschaulichen Örtchens. Oma liebt es, Schaufenster anzuschauen, da aber Papa schiebt und er nicht dieselben Ambitionen hat wie Oma, sagt sie ständig zu ihm: »Jochen, mach nicht so schnell! – Halt! Ich will noch gucken! Hast du die tolle Bluse gesehen?« Also schiebe *ich*, bis wir an einem Stand mit Tüchern vorbeikommen.

Oma Maria: »Oh, die sind aber wunderschön.«

Anja: »Dann kauf dir doch eines.«

Oma Maria: »Ach, ich hab doch genug. Aber die Muster sind schon einmalig …«

Anja: »Also, auf das eine oder andere Tuch kommt es jetzt auch nicht mehr an. Du kaufst dir doch sonst nichts.«

Oma Maria: »Meinst du wirklich?«

Anja: »Ja, warum denn nicht?«

Oma Maria: »Ach, Spätzchen, und du erbst sie dann alle mal, ja!«

Anja: »Okay, Oma, schnell weiter!«

Oma Maria: »Verstehe schon. Du musst sie ja nicht alle tragen. Dann lieber doch nicht, oder?«

Anja: »Omma!!! Jetzt hopp oder top?«

Oma Maria: »Lass uns weiterfahren. Wir sind ja erst am Anfang unserer Reise.«

Anja: »Sicher?«

Oma Maria: »Ja, sicher.«

Ich will weiterschieben, plötzlich –

Anja: »Oma, bleib sitzen! Du verhedderst dich noch mit den Fußstützen. Und warum hast du denn das Tuch nicht wieder losgelassen?«

Zack! Sie bleibt mit dem rechten Schienbein an einer spitzen Kante des Tuchständers hängen. Und schon dringt Blut durch ihre Hose.

Oma Maria: »Au! Au!«

Anja: »Mist!«

Papa: »Frauen beim Shoppen! Ich will ja jetzt nix sagen, aber hätte ich weitergesch…«

Oma Maria: »Jochen!!!«

Anja: »Papa! Verbandskasten!«

Papa: »Ich pass lieber auf Mutter auf.«

Also gehe ich rein in den Laden und komme zusammen mit einer sehr engagierten und sympathischen Verkäuferin wieder heraus. Als sie sieht, was Oma passiert ist, wird gleich ein sehr großer Verbandskoffer geholt. Ob wir nicht doch einen Krankenwagen bräuchten?

»Nein, nein, alles gut. Ich fand nur Ihre Tücher so schön und wollte sie nicht wieder loslassen!«, entschuldigt sich Oma.

Anja: »Ja, ab 100 denkt man gerne, alles ist möglich.«

Ladenbesitzerin: »SIE – SIND – HUNDERT???«

Alles klar, jetzt läuft es wieder von alleine.

Oma Maria: »Sogar 103! Hihi!«

Ladenbesitzerin: »Mamma mia. Ich habe noch nie mit so einem alten – Entschuldigung! –, noch nie mit einem 103-jährigen Menschen gesprochen! Das ist ja uuuuuuunglaublich! Und Sie lachen auch noch mit Ihrem verletzten Bein!«

Papa: »Sie steht nicht unter Drogen!«

Oma Maria: »Ja, was soll ich machen? Passiert ist passiert!«

Ladenbesitzerin: »Ich würde Ihnen gerne das Tuch schenken.«

Oma Maria: »Ach, das ist aber nicht nötig.«
Ladenbesitzerin: »Das ist eine Ehre für mich!«

Wir bedanken uns sehr höflich und schieben weiter. Oma hat ihren verbundenen Fuß schon wieder vergessen und freut sich übermäßig über das Tuch.

Papa: »Mutter, du weißt aber schon, dass wir das auch hätten kaufen können! Deswegen musst du dich nicht selbst verletzen!«

Oma Maria: »So habe ich uns Geld gespart für ein Mittagessen!«

Anja: »Super! Jemand Lust auf Blutwurst?«

Bäume zersägen

Papa wie auch Oma schnarchen. Ihnen macht das nix aus, denn sie hören sich ja nicht. Und glauben tun sie es mir noch weniger. Ich aber weiß, was kommt. Nach den ersten zwei Stunden Bäumezersägen verlasse ich das Gemeinschaftszimmer, das wir als einziges auf einer Durchreise noch bekommen haben, und lege mich auf eine Liege in der Weinlaube.

Oma Maria: »Joooooochen! Das Spätzchen ist weg!«

Anja: »Oma, ich bin hier unten!«

Oma schaut aus dem Fenster: »Was machst du denn so früh schon da draußen?«

Anja: »Ihr habt geschnarcht, dann bin ich raus!«

Oma Maria: »*Ich* doch nicht! Jochen ja, aber *ich* schnarch doch nicht!«

Anja: »Oma, das weißt du doch gar nicht. Du hörst dich doch nachts nicht.«

Oma Maria: »Also, dein Schlafplatz sieht gemütlich aus, Anja-Spätzchen. Das nächste Mal schlaf ich bei dir!«

Laufen

Oma hat beste Laune. Erstaunlich, wie gut sie den Oberschenkelhalsbruch verkraftet. Wir schieben sie im Rollstuhl die Promenade entlang. Zu Fuß ist sie noch wenig sicher, genießt aber sehr das Geschobenwerden, was sie des Öfteren gerne zu dem Ausspruch verleiten lässt: »Ja, ein bisschen Bewegung tut gut!«

Papa: »Mutter, wen meinst du eigentlich damit?«

Oma Maria: »*Mich* natürlich! Hihi!«

Essen ohne Ende

Anja: »Oma, seit wann isst du eigentlich so gerne Pizza? Als ich bei dir gewohnt habe, war das noch verpönt und ungesund.«

Oma Maria: »Ja, ich weiß auch nicht ... Die schmeckt mir einfach zu gut.«

Anja: »Aber Oma, so viel Weißmehl und kein Gemüse? Das hättest du früher nie gegessen.«

Oma Maria: »Aber immerhin ist sie mit Steinpilzen belegt!«

Jochen: »Möchte mal jemand von meinen Spaghetti aglio e olio probieren?«

Oma Maria: »Nein, die sind ja nicht knusprig.«

Als ich ein kleines Stück von Omas Steinpilz-Pizza stibitzen will, da sie normalerweise keine Pizza alleine aufessen kann, schiebt sie zu meinem Erstaunen mein Messer mit ihrem weg.

Oma Maria: »Meins!«

Anja: »Bitte?« Ich schaue Papa verständnislos an.

Papa: »Tja, da guckste, was? Ab 100 eröffnen sich neue Welten, von denen wir nicht den blassesten Schimmer haben!«

Am Ende isst Oma die ganze fettige Pizza alleine auf. Respekt!

»Jemand noch einen Nachtisch?«, scherzt Papa.

»Danke, nein, ich bin pappsatt nach meiner Lasagne«, erwidere ich.

Oma Maria: »Da stand doch was von Tiramisu mit Eierlikörеis auf der Speisekarte, oder? Das hätte ich gerne.«

Indianer kennen keinen Schmerz

Da sich Oma pudelwohl fühlt und wir nicht ans Zurückfahren denken müssen, blicken wir wie immer nach vorne. Und was liegt vor uns? Der Gardasee.

Wir suchen uns in Riva ein Restaurant fürs Mittagessen.

Papa: »So, Mutter, was darf's denn sein?«

Oma Maria: »Also, der Shrimps-Cocktail lacht mich schon sehr an!«

Anja: »Mittags? Bei der Hitze? Krabbencocktail?«

Oma Maria: »Wir sitzen hier doch am Wasser, da muss man schon Fisch essen!«

Wir finden ein hübsches Hotel in Malcesine und bleiben hier für den Rest der Woche. Oma bekommt ein Schirmchen am Pool, damit sie ihre Füße reinhängen kann. Ganz ins Wasser zu gehen traut sie sich noch nicht. Und ihre Wunde sollte ja auch nicht nass werden.

Neben uns liegen zwei Deutsche und lesen Zeitung. Und es dauert nicht lange, bis Oma mit ihnen ins Gespräch kommt. Nach fast zwei Stunden verabschieden sie sich von uns.

Anja: »Und was haben sie so erzählt?«

Oma Maria: »Er ist Arzt und ganz interessiert an meinen OPs. Er meint, das sei schon sehr erstaunlich.«

Anja: »Wunderbar. Hast du ihm auch deine Beinwunde gezeigt?«

Oma Maria: »Ach, wo denkst du hin. Mit solch einer Lappalie halte ich ihn doch nicht auf.«

Baden gehen

Wieder zu Hause lässt das Urlaubsgefühl nicht nach. Es ist heiß, und Oma will unbedingt ans Wasser. Am liebsten würde sie in den See springen, aber da das mit ihrem Oberschenkel noch nicht geht, schnappe ich mir von der Terrasse einen Plastikstuhl, packe ihn mit Oma und einem Sonnenschirm ins Auto – und ab geht es an den Simssee.

Oma Maria: »Und jetzt …?«

Anja: »… geht es ins Wasser!«

Oma Maria: »Ich kann doch nicht.«

Anja: »*Du* nicht, aber der *Stuhl.*«

Ich platziere den Stuhl am flachen Ufer des Sees, hole Oma dazu und gehe langsam mit ihr über die Steinchen ins Wasser bis zum Stuhl, der knöcheltief im See steht. Sie ist ganz begeistert von der Idee.

Oma Maria: »Kann der Stuhl schwimmen?«

Anja: »Wir sind hier noch im Nichtschwimmerbereich, Oma. Warte! Ich hol noch den Sonnenschirm.«

Ich drehe mich um und merke, dass die übrigen Badegäste uns ganz überrascht zuschauen. Plötzlich spricht mich eine fremde Dame an.

Badegast: »Das ist ja toll, was Sie mit Ihrer Oma machen. Kann sie nicht schwimmen?«

Anja: »Doch, aber sie hatte im Frühjahr mit 103 Jahren einen Oberschenkelhalsbruch.«

Badegast: »Was? Mit 103! Einen Bruch? Ihre Oma sieht aus wie 85!«

Anja: »Oh! Könnten Sie ihr das bitte selber sagen? Das beschleunigt bestimmt ihre Selbstheilungskräfte.«

Badegast: »Sehr gerne. Also, ich glaube, so was hat der See noch nie erlebt!«

Damit ist für die nächste halbe Stunde für Unterhaltung gesorgt, und ich kann in Ruhe eine Runde schwimmen gehen. Inzwischen ist auch Papa zum See nachgekommen, und wir sitzen oben am Kiosk.

Oma Maria: »Jochen, schön, dass du da bist. Bestellst du mir bitte ein Eis?«

Papa: »Ich sehe, ihr lasst es euch gutgehen. Warum steht denn unser Stuhl im Wasser?«

Oma Maria: »Ich war baden.« Und Oma grinst über beide Ohren.

Dorfmusik

Anja: »Und sag mal, Oma, wie bist du denn darauf gekommen, deinen Sohn Jochen zu nennen?«

Papa: »Ach, das würde mich jetzt auch mal interessieren.«

Oma Maria: »Das ist eine lustige Geschichte. Dein älterer Bruder bekam seinen Namen ja nach dem Rennfahrer Bernd Rosemeyer, und deine Inspiration war das Tanzlied: ›*Wenn am Sonntagabend die Dorfmusik spielt, hei didl hei didl dum dum ... Und der lange Jochen schiebt immer durch den Saal, denn die Katharina will immer noch mal …‹«*

Anja: »Haha! Oma, das ist aber doch nicht jugendfrei! Papa, kennst du das Lied?«

Papa: »Nein. Ehrlich! Mutter, das ist mir neu. Bernd bekommt den Rennfahrer und ich die Dorfmusik?«

Oma Maria: »Damals war Jochen einfach der Bringer. Die Comedian Harmonists haben dann aus dem Jochen den Franzl gemacht.«

Papa: »Dann möchte ich nicht wissen, wie ich geheißen hätte, wenn ich ein Mädchen geworden wäre.«

Oma Maria: »Natürlich Maria!«

Oma geht wählen

Anja: »Oma, kommst du mit? Wir müssen doch heute wählen gehen.«

Oma Maria: »Dann schauen wir doch mal, was die älteste Stimme Rosenheims noch wert ist.«

Wir sitzen im Auto und wollen gerade losfahren.

Oma Maria: »Ach, ich habe mein schwarzes Portemonnaie vergessen.«

Anja: »Brauchst du dafür nicht.«

Oma Maria: »Ach, stimmt, die Rechnung bekomme ich dann später von den Politikern.«

Im Wahllokal angekommen, studiert Oma als Erstes den Stimmzettel, der als Musterexemplar an der Fensterscheibe klebt. Alle Kandidaten wurden von ihr schon zu Hause eingehend studiert.

Anja: »Papa, wo ist der blaue Zettel, auf dem der zugehörige Bezirk steht?«

Papa: »Oh, den hab ich vergessen!«

Oma Maria: »Hihi, Spätzchen, hast du auch was vergessen?«

Anja: »Das nächste Mal machen wir Briefwahl.«

Nach langem Hin und Her finden wir ihn endlich, gehen in das Wahlgebäude, wissen aber nicht, in welchem Raum wir wählen dürfen.

Papa: »Na, dann fragen wir doch einfach in jedem Raum, ob sie jemand mit Jahrgang 1909 auf der Liste stehen haben.«

Anja: »Stimmt, davon kann es nicht so viele geben. Oma, bereit?«

Oma Maria: »Ja klar, so lernen wir gleich wieder neue Menschen kennen.«

Und es ist wie immer: Der letzte von fünf Räumen ist der richtige. Ich darf als Wahlbegleitung Oma zur Seite stehen. Oma ist zufrieden mit ihrem Kreuzchen, und beim Einschmeißen des Zettels gibt es rührenderweise sogar Applaus. Es hat sich herumgesprochen, dass Oma mit 103 Jahren noch so fit und fröhlich ihren Pflichten nachkommt. Auf dem Weg nach draußen verabschiedet Oma sich bei der Wahlhelferin, von der sie denkt, es sei die Mutter der Nachbarin.

Oma Maria: »Einen schönen Gruß an Ihre Tochter.«

Anja: »Das ist nicht die Mutter deiner Nachbarin!«

Oma Maria: »Ach so! Na dann …«, meint sie zu der etwas verdutzt dreinschauenden Dame. »Haben Sie denn auch eine Tochter?«

Wahlhelferin: »Äh, ja …«

Oma Maria: »Dann grüßen Sie *die* trotzdem ganz herzlich von mir.«

Anja: »Was soll ich zu so viel Schlagfertigkeit im hohen Alter noch sagen, Oma?«

Oma Maria: »Vielleicht brauche ich doch bald eine Brille?«

Anja: »Wieso? Ohne ist es doch viel lustiger!«

JAHR: 2014 – ALTER: 104 JAHRE

Oma drückt ein Auge zu

Inzwischen sind wir wieder ein Jahr weiter. Oma ist 104 Jahre alt geworden und hat schon zwei Jahre der Garantie hinter sich.

Doch heute ist etwas anders. Morgens beim Frühstück will Oma sich wie jeden Morgen Kaffee eingießen. Dieses Mal aber verfehlt sie die Tasse so sehr, dass weder Papa noch ich einschätzen können, warum sie es tut. Nachdem sie aber auch die Butter eigenartig weit links abstreicht und beim Versuch, aus dem Marmeladenglas zu schöpfen, im Honigglas landet, ist klar: Hier stimmt etwas nicht.

Der Gang zum Augenarzt bringt die Bestätigung. Omas Kanal zum linken Augennerv ist durch eine Thrombose in den Venen verstopft. Was zur Folge hat, dass sie jetzt auf einem Auge blind ist. Sie trägt es mit Fassung.

Richtig lustig wird es, als wir abends vor dem Fernseher sitzen. Sie braucht ein wenig, bis sie die Fernbedienung richtig halten kann, schaltet ein und plötzlich ertönt: »Mit dem Zweiten sieht man besser.«

Oma Maria: »Wenn die wüssten …« Und lacht.

Einkaufen

Oma Maria: »Wo ist denn die Einkaufsliste?«

Anja: »Ich schreibe sie gerade fertig ... Hier!«

Oma Maria: »So ... Was brauchen wir? Honig, Butter ... *Bordell*?«

Anja: »Haha, das heißt *Brot hell*, Oma!«

Oma Maria: »Ach so. Und kaufen wir auch die Stangen?«

Anja: »Was jetzt?«

Oma Maria: »Ja, die Käsestangen!«

Anja: »Ach, die! Ja, klar!«

Oma Maria: »Und vergiss nicht wieder deine Sprechanlage!«

Anja: »Handy, Oma. Es heißt Hääääändiiii! Und wo ist dein Stock?«

Oma Maria: »Weiß nicht! Pfeif doch mal, vielleicht kommt er ja dann.«

Das ist ein Überfall!

Wir drei fahren wieder los und machen uns auf die Reise in Omas Kindheit nach Bad Bertrich. Der erste ungeplante Frühstücksstopp in Holzkirchen liegt nur 20 Kilometer von zu Hause entfernt. Papa geht los und will Käsesemmeln beim Bäcker kaufen. Oma und ich sitzen mitten auf dem Dorfplatz auf der Bank unter einem Kastanienbaum und genießen das milde Wetter.

Plötzlich bemerken wir, wie sich ein junger Mann um uns herumdrückt. Keine zwei Minuten später stellt er sich vor.

Mann: »Entschuldigen Sie, die Damen, ich bin vom Münchener Merkur. Dürfte ich Ihnen ein paar Fragen stellen?«

Oma Maria: »Klar, ist sogar umsonst!«

Reporter: »Ich möchte einen Bericht über Menschen schreiben, die zu Hause Urlaub machen. Wie sieht es denn bei Ihnen aus?«

Oma Maria: »Ach, was für eine schöne Idee. Wir sind aus Rosenheim. Gilt das dann auch?«

Anja: »Ja, und wir sind momentan tatsächlich im Urlaub, aber wir fahren noch weiter. Meine Großmutter möchte mir den Ort ihrer Kindheit zeigen.«

Oma Maria: »Wir fahren nach Bad Bertrich. Das liegt in der Eifel.«

Reporter: »Das finde ich ja super! Wie heißen Sie denn, und wie alt sind Sie beide?«

Darauf hat Oma nur gewartet.

Oma Maria: »Also, ich bin 104! Und meine Enkeltochter ... Anja-Spätzchen, wie alt bist du noch mal?«

Spätestens ab jetzt ist mein Alter völlig egal. Damit schlägt sie immer alle aus dem Rennen, und jedes Gespräch ist auf meine Oma ausgerichtet. Und um ehrlich zu sein: Mir ist mein Alter auch völlig egal!

Reporter: »Sie sind 104 Jahre alt? Das ist ja unglaublich! Ja, also wenn Sie nichts dagegen haben, würde ich Ihre Geschichte gerne für die Zeitung verwenden. – Und wohnen Sie noch alleine? Wie machen Sie das denn?«

Oma Maria: »Na, immer weitermachen. Mutig bleiben und Neues wagen!«

Der Reporter macht ein nettes Beweisfoto von uns, schaut Oma noch einmal fasziniert an und verabschiedet sich dann herzlich.

Und da kommt auch schon Papa mit einem tollen Frühstück inklusive drei Kaffees zurück. Nachdem wir alles vertilgt haben, meldet sich Oma wieder zu Wort.

Oma Maria: »So, jetzt muss ich noch zur Toilette!«

Anja: »Wir könnten zur Sparkasse gehen. Quasi von einer Bank zur nächsten.«

Oma Maria: »Meinst du, ich darf da einfach so zur Toilette gehen?«

Papa: »Die Bäckerei hat keine Toiletten.«

Anja: »Also, nimm deinen Stock, und auf geht's! Sparkasse, wir kommen!«

Oma Maria: »Für die ist das sicherlich so was wie ein Überfall.«

In der Sparkasse stehen alle Spalier, nachdem ich uns vorstelle: »Das ist meine 104-jährige Großmutter, die ein dringendes Problem hat.« Und schwupps öffnen sich alle Herzen und Türen – nur leider nicht die des Tresors.

Superkräfte

Knappe 600 Kilometer später kommen wir in der Kurstadt Bad Bertrich an.

Anja: »Wer als Erstes unser Hotel entdeckt, bekommt ein Glas Wein.«

Oma Maria: »Ich weiß doch eh schon, wo das steht!«

Anja: »Oma, das zählt nicht. Du bist raus!«

Oma Maria: »Dafür geb ich einen aus.«

Es bleibt natürlich nicht bei einem Gläschen Wein. »Aus gegebenem Anlass …« passt ja immer. Und da sie keine Medikamente nimmt – hoch das Glas! Wir trinken auf die Wiederentdeckung der Kindheitstage nach 100 Jahren.

Zuerst wollten wir das Hotel ihrer Großeltern aufsuchen, das glücklicherweise noch erhalten ist und Omas Herz höherschlagen lässt. Sonst hat sich sehr vieles verändert. Das Einzige, was noch so geblieben ist wie vor 100 Jahren, ist das Kurzentrum mit dem Park und der Wandelhalle. Hier kann man auch aus der Heilquelle trinken. Auf einem Schild ist zu lesen:

»Die einzige Glaubersalz-Therme Deutschlands wirkt mit ihrer Naturwärme von 32 °C positiv auf den Bewegungsapparat und die inneren Organe des Menschen und zählt zu den bewährten Behandlungsmitteln der aktiven wie passiven Bewegungstherapie.«

Anja: »Da haben wir es doch! Oma, dein Altersgeheimnis ist gelüftet! Ich glaube, du hast damals nicht nur davon getrunken, sondern du bist ganz in die Quelle gefallen. So wie die ganzen Superhelden, die von irgendwas immer zu viel bekommen und dann spezielle Kräfte entwickeln.«

Papa: »Soll ich mich jetzt auch noch reinschmeißen?«

Anja: »Dann schmeißen die uns sicherlich raus. Aber ich gönn mir ein Schlückchen.«

Oma Maria: »Das war hier alles ein riesiger Abenteuerspielplatz für mich. So viel Natur, so schön gelegen, rauflaufen, runterlaufen, immer Neues entdecken.«

Anja: »Ich kann gut verstehen, dass du als Kind gerne hier warst. Aber dass das schon 100 Jahre her sein soll, geht mir nicht in den Kopf!«

Oma ist doch nicht behindert!

Bei einem abschließenden Ausflug nach Cochem an der Mosel erweist sich die Parkplatzsituation als etwas schwierig. Wir finden einfach keinen. Da auch schon eine Politesse auftaucht, sind wir noch weniger gewillt, irgendwo zu parken. Also kurbeln wir die Fenster runter und fragen direkt bei der Politesse nach weiteren Parkmöglichkeiten.

Politesse: »Oh, das ist heute sehr schwer.«

Papa: »Meine Mutter ist schon 104 und kann nicht mehr so weit laufen!«

Die Politesse betrachtet Oma jetzt mit ganz großen Augen: »Sie sind schon 104? Das ist ja unglaublich! Sie sehen viel jünger aus!«

Papa: »Wir haben zwar keinen direkten Behindertenausweis, aber meinen Sie, mit diesem Schwerbehindertenschein kann man hier auf dem Behindertenparkplatz stehen bleiben?«

Politesse: »Aber natürlich. Ich kenne ja jetzt Ihr Auto und weiß, wer Sie sind. Stellen Sie sich nur auf den Behindertenparkplatz!«

Papa lächelt, und Oma ist sauer.

Oma Maria: »Das möchte ich nicht! Ich bin doch nicht behindert!«

Anja: »Woanders gibt es aber nichts. Außer wir parken vor dem Dorf, und ich schieb dich im Rollstuhl. Das sieht ja dann wirklich behindert aus!«

Papa: »Also, Stock oder Stuhl?«

Oma Maria: »Stock und Sonnenbrille, bitte!«

Und ab geht es ins Getümmel. Oma schwankt ein wenig aufgrund der Menschenmasse, durch die sie durchgehen muss, und ich überlege kurz, ob ich nicht doch noch den Rollstuhl holen soll. Aber Oma ist eisern. In keiner Sekunde wird hier Schwäche gezeigt. Und dann futtern wir Flammkuchen und gönnen uns wieder ein Gläschen Wein. Nur der Fahrer darf natürlich nicht.

Papa: »Wer fährt eigentlich weiter?«

Anja: »Na, du!«

Papa: »Ich? Nee, lieber du.«

Anja: »Ich hab mir jetzt aber schon ein Gläschen Wein bestellt.«

Papa: »Ach, der schmeckt mir sicher auch.«

Anja: »Neeeee, Papa! Ich fahr morgen weiter!«

Papa: »Bleibt mir wieder nur das Essen.«

Oma Maria: »Wie gut, dass ich keinen Führerschein habe.«

Papa: »Ja, dafür hast du ’nen Behindertenschein!«

Aber bitte mit Sahne!

Ich erkläre Papa das Kuchenbacken in der Küche. Oma Maria ruft vom Wohnzimmer aus: »Was macht ihr denn für einen Kuchen?«

Anja: »Warmen Käsekuchen ohne Boden.«

Oma Maria: »Lecker! Mit Erdbeeren und *Sahne*?«

Anja: »Natürlich!«

Oma Maria: »Hat jemand die Fernsehzeitschrift gesehen?«

Anja: »Die neue? Bring ich dir.«

Oma Maria: »Was machst du eigentlich den ganzen Tag, wenn du mich nicht bedienen musst?«

Anja: »Haha, ja, Oma, das ist eine gute Frage.«

Papa: »Und ich werde mal wieder nicht gefragt …«

Anja: »Was hast du denn damals so alleine als Witwe gemacht?«

Oma Maria: »Ich bin mit meiner Freundin an den Hafen gegangen, um zu sehen, ob es nicht was zu tauschen gab. Da waren zum Beispiel die Holländer, die mit ihren Schiffen im Rheinruhrort anlegten und alles kauften oder tauschten.«

Anja: »Hier hast du die Zeitung!«

Oma Maria: »Bei der Gelegenheit habe ich auch einen Holländer kennengelernt, der sich in mich verliebt hat.«

Anja: »A-ha, a-ha, a-ha! Jetzt wird's interessant!«

Oma Maria: »Wollen wir heute Abend Fußball anschauen?«

Anja: »Oma, bitte nicht Fußball! Gib mir bitte mal die Zeitschrift. Was war denn dann mit dir und dem Holländer? Hast du dich nicht in ihn verliebt?«

Oma Maria: »Na, mein Herz gehörte doch Erwin.«

Anja: »Was hatte der Seemann denn für ein Sternzeichen?«

Oma Maria: »Du immer mit deinen Sternzeichen. Was hast du denn noch mal für eines? Wassermann? Steinbock? Dann lese ich dir deines mal vor ...« Sie greift sich wieder die Zeitschrift.

Anja: »Neeee, aber warte! Ich gebe dir einen Tipp: Schau mich an und schiel dabei. Was siehst du dann?«

Oma Maria: »Mmmmhhhh, ändert sich nicht viel.«

Anja: »Siehst du mich nicht doppelt?«

Oma Maria: »Aber ich kann doch nur noch mit einem Auge sehen.«

Anja: »Haha, lustig! Richtig, du kannst ja gar nicht mehr schielen beziehungsweise die Dinge doppelt sehen. Ich bin doch *Zwilling*. Und was steht jetzt unter meinem Sternzeichen? Lies bitte vor.«

Oma Maria: »Dass du dich neu verlieben wirst.«

Anja: »Das glaub ich nicht. Zeig her!«

Oma Maria: »Doch, ich flunkere dich doch nicht an.« Sie reicht mir die Zeitschrift.

Anja: »Tatsächlich ... Und bei dir?«

Oma Maria: »Mein Leben sieht rosig aus.«

Anja: »Sehr gut, Rosa kann man auch mit einem Auge gut sehen.«

Papa: »Und was steht bei mir?«

Anja: »Dass du Sahne kaufen musst! Die haben wir nämlich vergessen ...«

JAHR: 2015 – ALTER: 105 JAHRE

Wieder ein neues Lebensjahr

Anja: »Gratulation zu 105 Jahren, Oma! Unglaublich! Jetzt muss ich es schon selber sagen. Was denkst du nur, ist dein Geheimnis?«

Oma Maria lacht schelmisch und sagt: »Anja-Spätzchen, Lachen ist die beste Medizin! Und nimm das Leben nicht zu ernst, es passiert doch eh, was passieren will.«

Anja: »Ein Hoch auf deine Gesundheit, und ich wünsche dir noch weiterhin so viel strahlende Lebensfreude!«

Oma Maria: »Ich uns natürlich auch, mein Spätzchen.«

Doppelt hält besser

An dieser Stelle ist es an der Zeit, meine andere Oma Mia näher vorzustellen. So wie mein Vater sich um seine Mutter kümmert, kümmert sich, wie schon erwähnt, meine Mutter Ute um ihre Mama. Ich würde es ja dabei belassen, ausschließlich über das Wunder

der inzwischen 105-Jährigen zu schreiben, wenn das zweite Wunder mit inzwischen 98 Jahren ihr nicht hinterherlaufen würde. Darüber hinaus wird es langsam schwierig, mich zwischen beiden gerecht aufzuteilen. Besonders kompliziert ist es an den Feiertagen. Erst gibt es bei Mama und Oma Mia Kaffee und Kuchen und später dann Abendessen bei Papa und Oma Maria. Trotzdem haben beide Omas immer das Gefühl, sie kommen zu kurz. Ich bin dafür nach solchen Besuchen am Abend immer extrem satt.

Aber an Weihnachten zerreißt es mir jedes Mal das Herz. Wo und wie verbringe ich den Heiligen Abend? Deswegen habe ich dieses Jahr den vorsichtigen Vorschlag gemacht, ob es nicht doch möglich wäre, wenigstens am Heiligen Abend gemeinsam zu feiern. Man wüsste ja auch nicht, wie lange das alles noch so gut gehen würde, und ich könnte endlich mal entspannt am Tisch sitzen bleiben.

Schließlich willigen alle ein – sicherlich auch wegen einer gewissen um sich greifenden Altersmilde aller Beteiligten.

Oma Maria: »Setzt du dich neben mich?«

Anja: »Ja, warte, ich komme zu dir rüber.«

Oma Mia: »Ja, und wat is' mit mir? Ich möchte auch neben dir sitzen.«

Anja: »Ach so … ja. Moment … Dann komm ich zwischen euch.«

Mama: »Aber dann bist du ja weg von mir?«

Anja: »Ähm.«

Papa: »Und mich fragt wieder keiner?«
Anja: »Beim Nachtisch tauschen wir.«

Okay, es ist nicht weniger anstrengend mit allen zusammen, aber immerhin ist es örtlich eingegrenzt. Es ist der wunderschöne Beginn einer sehr lustigen Rentnertruppe, die von da an immer öfter was zusammen unternehmen will. Das finde ich wunderbar, denn ich merke, dass Mia jetzt auch die ältere Oma braucht. Sie ist immer beeindruckt davon, dass Maria in ihrem Alter noch so fit ist, und das spornt sie an. Oma Maria wiederum freut sich, dass sie jetzt so eine Art jüngere Schwester hat, auf die sie aufpassen darf.

Oma Mia: »Schau mal, wie gut Maria noch laufen kann. Die hol ich nie ein.«
Anja: »Doch, Omma, zusammen schaffen wir das. Aber zuerst musst du gerade gehen und die Brust rausstrecken. Dann siehst du auch, wo Maria hinläuft.«
Oma Mia: »Haha, du bis' ja gut. So funktioniert dat also.«

Oma Mia wurde acht Jahre später, also 1917 in Bottrop geboren. Sie heißt witzigerweise auch Maria und ist die Älteste von vier Kindern. Sie ist eine resolute, aber auch sensible Frau. Ihr Leben ist nicht minder interessant, aber leider leidet sie inzwischen schon ein bisschen an Alzheimer. Ihre Mutter starb unglücklicherweise bereits, als Mia erst 16 Jahre alt war, und von da an musste sie sich um den Haushalt und ihre drei jüngeren Geschwister kümmern.

Später leitete Oma Mia zusammen mit meinem Opa die erste freie Tankstelle in Bottrop. Sie haben Nummernschilder gedruckt, Autos repariert, und sie erzählt heute noch, wie viele Autos sie in ihrem Leben mit der Hand gewaschen hat. Und: Oma Mia hat einen Führerschein, was Oma Maria wiederum sehr bewundert.

Oma Maria: »Also, da bin ich ja schon manchmal neidisch, dass Mia hinfahren kann, wann und wohin sie will.«

Anja: »Aber jetzt doch nicht mehr.«

Oma Maria: »Stimmt, wir teilen uns ja jetzt dich als Chauffeur.«

Als mein Opa starb, nahm Mia das allen Lebensmut. Sie war davon überzeugt, dass sie auch nicht mehr lange leben würde. Inzwischen hat sie meinen Opa mehr als 25 Jahre überlebt und könnte Silberhochzeit mit meiner Mutter feiern, die sie nach dem Tod meines Opas zu sich genommen hat.

Mit Oma Mia ist es wegen ihrer Demenz oft viel anstrengender, aber nicht weniger lustig.

Essen mit Oma Mia

Die ganze Rentnertruppe geht zusammen Kaffee trinken. Schlemmen steht an oberster Stelle, wir bestellen Torten und Kuchen mit viel Sahne. Am Ende ist uns allen etwas schlecht. Ich will MammaMia (so kürze ich die Namen meiner Mutter und meiner Großmutter gerne ab) nach Hause fahren, doch Oma Mia möchte noch etwas Deftiges essen.

Anja: »Omma, wir waren doch gerade erst Kuchen essen. Und das reichlich. Hast du wirklich schon wieder Hunger?«

Oma Mia: »Wir waren in einem Café? Dat weiß ich ja gar nicht mehr. Ich hätte gerne wat Richtiges zu essen.«

Anja: »Na gut, dann gehen wir noch schnell zu Burger King.«

Für alle gibt es Pommes mit Mayo und einen kleinen Burger. Oma Mia schmeckt es hervorragend, und bis zum letzten Krümel putzt sie alles weg. Wir sprechen noch ein bisschen darüber, warum man an den Feiertagen eigentlich immer mehr isst, als man will, dann räume ich das Tablett mit dem Geschirr weg und komme an den Tisch zurück. Plötzlich steht Oma Mia ganz unerwartet auf und sagt: »Können wir gehen? Ich hab Hunger! Hier bekommt man ja nichts.«

Das doppelte Lottchen

Mein Handy klingelt.

Papa: »Könntest du am Dienstag bitte auf Oma aufpassen und anschließend hier übernachten? Ich habe ganz wichtige Termine und muss deshalb nach Berlin fliegen.«

Anja: »Okay, mache ich, kein Thema.«

Keine zehn Minuten später läutet es wieder.

Mama: »Könntest du bitte am nächsten Dienstag auf Oma aufpassen?«

Anja: »Oh, nee, Papa hat auch grad angerufen. Der braucht mich auch am Dienstag.«

Mama: »Kann er das nicht verschieben? Ich mache doch den wichtigen Abschluss zur ehrenamtlichen Demenzhelferin.«

Anja: »Oh Mann! Na gut, dann packe ich beide ein und mache einen Ausflug.«

Im Prinzip hat man mit Omas die gleiche Situation wie mit kleinen Kindern: Man muss ihnen Essen machen, sie an die Hand nehmen, und wenn sie zu wenig Schlaf bekommen, werden sie nörgelig. Hinzu kommt, dass man sie natürlich auch unterhalten muss, denn viel können sie ja nicht mehr machen. Und die jüngere erst recht nicht.

Ich habe mir das Auto von meinem Freund geliehen. Ja, ich habe wieder einen Freund – Oma ist vielleicht doch ein Orakel – und habe morgens als Erstes Oma Mia bei meiner Mutter abgeholt.

Mindestens fünfmal fragt sie während der Autofahrt: »Wohin fahren wir?«

Anja: »Zu Maria.«

3 Minuten später.

Oma Mia: »Wohin fahren wir?«
Anja: »Zu Ma-ri-a!«

2 Minuten später.

Oma Mia: »Wohin fahren wir?«
Anja: »Ans andere Ende der Stadt!«
Oma Mia: »Ach, wohnt da nicht Maria?«
Anja: »Genau, Omma!«

Die Landschaft versinkt im Regen. Endlich angekommen bei Oma Maria, lass ich die Ältere noch ausschlafen und frühstücke zuerst mit Oma Mia. Die isst, solange ich denken kann, immer das Gleiche in der Frühe: Ein Vollkornbrot mit Schichtkäse und bevorzugt heller Marmelade. Dazu einen Instantkaffee ohne Zucker, aber mit einem Schuss Milch. Kaum ist sie damit fertig, ruft die Ältere aus dem Schlafzimmer: »Hallo, wer da?«

Oma Mia legt sich morgens *nach* dem Frühstück immer wieder hin. Also bringe ich sie zuerst zur Toilette und helfe ihr dann beim Umziehen.

Oma Maria hingegen ist ganz ungeduldig und steht schon von alleine auf. Sie will duschen. Das kann sie zum größten Teil auch noch gut alleine, man muss ihr nur vorsichtig in die Dusche rein- und auch wieder raushelfen.

Oma Maria: »Anja-Spätzchen, könntest du mir bitte noch ein bisschen den Rücken abschrubben.«

Anja: »Na klar, aber wehe, du drehst die Dusche wieder zu früh auf.«

Oma Maria: »Ein bisschen Spaß muss sein …«

Anja: »Ich weiß, aber sonst bin ich schnell weg.«

Ich liebe Omas Späßchen, aber in diesem Fall kommt hinzu, dass sie sich am Ende immer *kalt* abduscht. Das schaffe ich nicht. Als ich ihr in einem unserer Urlaube mal wieder aus der Dusche helfen wollte, drehte sie das Wasser ohne Vorwarnung einfach auf eiskalt! Vor lauter Schreck hätte ich sie fast losgelassen, aber das durfte ich ja auf keinen Fall!

»Oma! BIST! DU! WAAAAAAHNSINNIG?«

»Wieso?«, erwiderte sie lachend. »Jetzt hab ich dir ein Lebensjahr mehr beschert!« Sie ist nämlich davon überzeugt, dass dieses kalte Duschen als Kreislaufbeschleuniger auch für ihr vitales Leben entscheidend ist.

Danach cremt sie sich immer mit viel Hingabe und Geduld mit allen möglichen Ölen ein. Ich scanne währenddessen den Frühstückstisch: Süßstoff fehlt, und das Brot ist das falsche. Dann frühstücke ich mit Oma Maria, also das zweite Mal für mich. Alleine schmeckt es ihr schließlich nicht so gut.

Alzheimer, was bedeutet das? Für mich zunächst, dass Oma Mia am Tag immer wieder das Gleiche fragt. Es fing bei ihr schleichend an, aber auf einmal merkt man: Jetzt ist es nicht mehr im Normalbereich. Ihr

Lieblingssatz ist: »Ich habe Hunger!« So meldet sie sich auch jetzt aus dem Schlafzimmer zurück.

Nein, Oma, denke ich mir, nicht schon wieder. Das wäre dann heute das *dritte* Frühstück für mich.

Oma Maria: »Ich werde immer kleiner.«

Anja: »Du bist ja auch klein zur Welt gekommen. Du entwickelst dich wieder zurück.«

Oma Maria: »Vielleicht hilft ja mehr essen?«

Anja: »Ganz sicher nicht. Eher hohe Schuhe!«

Oma Maria: »Dass ich die nicht mehr tragen kann, ist so schade.«

Oma Mia: »Ich habe Huuuuuunger!«

Kurze Zeit später sitze ich mit beiden im Wohnzimmer und lese ihnen die Nachrichten aus der Tageszeitung vor, während es immer noch regnet.

Oma Mia: »Wat da imma alles täglich passiert!«

Oma Maria: »Da machen wir es uns lieber hier schön gemütlich.«

Anja: »Omma, was willst du nachher machen?« Ich meine Mia.

Beide Omas antworten gleichzeitig: »Einkaufen gehen!«

Mensch, ärgere dich nicht!

Wir spielen *Mensch ärgere dich nicht.*

Letztendlich gewinnt nie einer, weil beide immer wieder vergessen, welche Farbe sie gewählt haben, und dadurch ständig alle Figuren kreuz und quer über das Spielfeld schieben.

Oma Maria: »Die gelbe Spielfigur ist meine?«

Oma Mia: »Nee, Maria, dat is doch meine Figur.«

Anja: »Mädls, Gelb gehört mir! Das war schon immer so.«

Oma Mia: »Weiß ich gar nicht.«

Oma Maria: »Stimmt, du bist ja unser Sonnenschein!«

Für denjenigen, der vergisst, welche Figur er bewegen muss, ist es sicherlich anstrengend. Aber für mich, die jede Gedächtnislücke füllen muss, wird es jedes Mal eine echte Herausforderung, dem Titel des Spiels gerecht zu werden.

Anja: »Oma Mia, du bist rausgeflogen! Was machst du denn da in *meinem* Zuhause?«

Oma Maria: »Also, ich bin ja Rot, dann kann ich jetzt zum Ziel gehen.«

Anja: »Miez, du bist doch noch gar nicht dran. Ich bin dran mit Würfeln!«

Die Würfel fallen, und ich muss Oma Maria wieder zurück ins Häuschen bugsieren. Von wegen am Ziel sein.

Oma Mia: »Dat muss doch jetzt nicht sein.«

Anja: »Wieso, *dich* schmeiß ich doch nicht raus.«

Oma Maria: »Also, ich find das auch nicht gut. Kannst du das nicht lassen?«

Anja: »Das ist doch der Sinn des Spiels.«

Oma Maria: »Aber so kann ich nicht gewinnen!«

Oma Mia: »*Ich* will auch gewinnen!«

Anja: »Und ich nicht, oder wie?«

Oma Maria: »Du musst schon Rücksicht auf uns Alte nehmen, hihi!«

Wie gesagt: Gewonnen hat keiner. Sogar ich verliere am Ende immer den Überblick.

Oma Maria: »Spielen wir noch mal?«

Anja: »Nein, Oma, Mama kommt gerade zur Tür herein. Das war's für heute.«

Oma Mia: »Schade, wir haben gerade so schön zusammen gespielt. Ich würde gerne noch bleiben.«

Anja: »Und, Mama, wie war der Test zur Demenzhelferin?«

Mama: »Hab ich vergessen.«

Anja: »Haha. Du hast es geschafft. Das freut mich! Mama, ich glaube, die Kinder kann ich mir sparen. Ich habe jetzt die beiden Omas.«

Das Selfie

Oma Maria: »Und, wie bist du dann mit Nick zusammengekommen?«

Anja: »Das hab ich dir doch schon erzählt. Übers Theater.«

Oma Maria: »Wie alt ist er denn?«

Anja: »Ein paar Jährchen jünger.«

Oma Maria: »Also bei deiner Lebenserwartung kannst du froh sein, wenn er jünger ist.«

Oma Mia: »Wat, dat Spätzken hat 'nen Freund?«

Anja: »Omma, das hab ich dir auch schon erzählt!«

Oma Mia: »Weiß ich ja gar nicht mehr.«

Anja: »Das nächste Mal stelle ich ihn euch vor!«

Oma Mia: »Ja, und wie hast du ihn kennengelernt?«

Statt noch mal von vorne anzufangen, hole ich lieber mein Handy aus der Tasche.

Anja: »Wisst ihr was? Ich habe eine Idee: Wir machen ein Selfie und schicken es ihm.«

Oma Mia, ganz schlau: »Aber ich dachte, dat is' ein Foto, dat man nur von sich alleine macht?«

Anja: »Na gut, wir machen ein WE-fie.«

Oma Mia: »Ah, dat is' Internet, ne?!«

Anja: »Ja, fast! Das spricht man aber mehr so wie Waaivaih aus.«

Oma Maria: »Heißt das nicht Wiiiifiiii?«

Anja: »So schreibt man das. Und jetzt bitte recht freundlich …«

Oma Mia: »Bekomm ich noch wat zu essen?«
Anja: »Hier haste eine Bifi!«
Und Oma Mia freut sich.

Frische Luft tanken

Anja: »Wollen wir jetzt zum Flughafen fahren und Papa abholen?«
Oma Maria: »Gute Idee, dann kann ich ein bisschen frische Luft tanken!«
Anja: »Oma, das sagst du immer, aber im Grunde sitzt du doch nur drinnen im Auto und bist nicht draußen.«
Oma Maria: »Hihi, da hast du recht, Spätzchen. Vielleicht sollten wir ein Auto ohne Dach kaufen.«

Eine Schifffahrt, die ist lustig

Es wurde der erste gemeinsame Familienausflug geplant. Da Mama und Papa ja das gleiche Schicksal teilen, können sie sich gegenseitig auch mehr Tipps geben. Praktisch dabei ist auch, dass Oma Mias Demenz in der Familie aufgeteilt wird. Da Oma die Fragen mindestens dreimal stellt, kann jeder einmal antworten. Das entlastet dann auch Mama etwas.
Und die Idee, eine Schifffahrt zu machen, kam von Marias Nachbarn, die sich mit solchen Reisen hervor-

ragend auskennen und natürlich mit von der Partie sind. Oma Maria kribbelt es schon in den Fingern, und deshalb fragt sie jeden Tag, wann genau es losgeht.

»Was nehmen wir mit?«

»Wer schläft wo?«

»Wer kommt mit?«

»Wann packen wir die Koffer?«

Anja: »Oma, es ist doch nur ein Wochenende.«

Papa: »Na, vielleicht hängen wir danach noch die Reise nach Emmersbach dran!«

Oma Maria: »Wirklich?«

Anja: »Ist das nicht zu viel?«

Oma Maria: »Nein, das fände ich super!«

Papa: »Wir warten lieber ab, wie alle drauf sind!«

Oma Maria: »Also, ich bin schon mal gut drauf! Ahoi!«

Anja: »Dann wird es mehr als ein Wochenende.«

Auf dem Weg nach Passau zur kleinen Unterkunft wird im Auto gesungen, was die Stimmbänder hergeben. Dass die Fahrerin etwas Ruhe braucht, um das Navi noch verstehen zu können, wird komplett ignoriert. Ich lege Vicky Leandros ein, und Oma Maria trällert als Erste mit. *»Ich liebe das Leben …«* Oma Mia ist nicht so textsicher, aber glücklich, und vergisst für ein paar Stunden, dass sie ja eigentlich immer alles vergisst.

Angekommen in dem kleinen Gasthof sind alle ganz fröhlich, und auf Oma Mia wartet noch eine Überraschung: Ihr Sohn, also Mamas Bruder, ist erfreulicherweise auch gekommen.

Am nächsten Tag gehen wir alle an Bord des Kristall-Erlebnisschiffes »Donau«. Und ich sage ganz bewusst *gehen*, weil keine der Omas reingeschoben werden will. Der Stolz ist zu groß und das Adrenalin zu hoch, um Schwäche zu zeigen. Das Besondere an dieser Flussfahrt ist das Zusammenspiel der drei Flüsse: der schwarzen Ilz, der blauen Donau und des grünen Inns. Und natürlich das Schiff selber, mit seinen Kristallwasserspielen, einem Wassertheater, genug Essen für alle und den rund eine Million verbauten Swarovski-Kristallen. Diese lassen auch die Augen der Omas funkeln. Vom »Alter« ist bei beiden nichts zu spüren.

Auf dieser mehrstündigen Rundfahrt wird getrunken, gelacht, gegessen, geredet und gestaunt. Mal an Deck, mal unter Deck. Ich habe genug zu tun mit beiden Omas an der Hand, so dass ich gar nicht bemerke, als wir wieder in Passau anlegen.

Anja: »Miez, wie sieht es aus mit einem Mittagsschlaf?«

Oma Maria: »Nee, schlafen kann ich, wenn ich tot bin.«

Anja: »Alles klar, was ist mit dir, Mia?«

Oma Mia: »Dat seh ich genauso.«

Dann steht einer Stadtrundfahrt nichts mehr im Wege.

Oma Mia: »Bekomm ich denn auch wat zu essen?«

Ich brauche nicht zu erwähnen, dass wir gerade auf dem Schiff enorm geschlemmt haben, und stelle ihr eine, wie ich finde, raffinierte Entweder-oder-Frage, weil ich weiß, sie liebt Stadtrundfahrten: »Oma, entweder jetzt essen gehen oder die Stadt anschauen?«

Oma Mia: »Und wat is mit 'ner Stulle auf der Hand?«

Selbst ist die Frau

Anja: »Hast du mal mit Papa Urlaub gemacht?«

Oma Maria: »Wir sind zu Jochens Volljährigkeit nach Lloret de Mar in Spanien gefahren.«

Papa: »Das war damals in den 50er Jahren schon eine Party-Hochburg!«

Oma Maria: »Und alles mit dem Bus. Bei der Ankunft warteten alle Reisenden im Foyer des Hotels. Dort wurde man dann bei der Zimmerverteilung einzeln aufgerufen. Dein Opa Erwin war ja verstorben, und ich war mit Jochen alleine unterwegs. Alles guckte, als die Zimmer verteilt wurden, und die Leute murmelten: ›Ist das etwa die Blonde mit ihrem jugendlichen Liebhaber?‹ – ›Das ist ja ein Fauxpas!‹ – ›Was erlauben die sich?‹ Und dann habe ich laut gesagt: ›Ja, hier, ich und mein *Sohn*, anwesend.‹ Da merktest du gleich, wie alle entspannter wurden. Das war ein toller Urlaub. Mir lag der Süden schon immer, denn die Menschen dort haben Feuer im Blut.«

Anja: »Warum bist du nicht gleich ausgewandert?«

Oma Maria: »Ich musste doch noch arbeiten. Inzwischen war ich eine anerkannte Innendekorateurin. Nach zehn Jahren im gleichen Geschäft wollte ich mal eine Gehaltserhöhung. Da sagte der Chef: ›Ja, warum denn das? Sie sind doch schon zehn Jahre hier! Und jetzt wollen Sie mehr Geld? Sie dürfen hier doch alles. Nein, das machen wir nicht. Es gefällt Ihnen doch hier, und Sie haben nie was gesagt!‹«

Anja: »Auch eine Logik für sich.«

Oma Maria: »Aber er wollte mir partout nicht mehr Geld geben. Dann bin ich nach dem Gespräch am nächsten Tag einfach zur Konkurrenz gegangen. So leid es mir tat. Und die nahmen mich mit Handkuss – trotz meinem viel höheren Gehalt.«

Auf die Einstellung kommt es an

Oma Maria: »Bis 1969 habe ich fröhlich und munter gearbeitet. Mit 60 ging man normalerweise in Rente; allerdings war mir das zu langweilig. Die Kinder lebten nicht mehr bei mir. Und was macht man dann den ganzen Tag? Eines Tages las ich in der Zeitung: ›Kaffeeköchin am Hotel Kaiserhof gesucht‹.

Der Kaiserhof war ein First-Class-Hotel. Also bin ich morgens um acht gleich hin zum Kaiserhof, um zu fragen, wie die Arbeit denn konkret aussehen würde. Es war immerhin ein sehr angesehenes Haus, und ich wusste ja nicht, ob die Vorkenntnisse oder so etwas brauchten.«

Anja: »Oma, für 'ne Kaffeeköchin doch nicht!«

Oma Maria: »Na, weiß man's? Beim Vorstellungsgespräch meinte ich zu dem Geschäftsführer: ›Ich kann aber nichts‹, daraufhin erwiderte der – und den Satz werde ich nie vergessen: ›Das macht nichts. Auf die innere Einstellung kommt es an.‹

Und dann habe ich noch gefragt, was man da so verdienen würde. ›Normalerweise nicht so viel‹, meinte er, ›aber bei Ihnen machen wir eine Ausnahme.‹ Ich nehme mal an, weil ich ja schon 60 Jahre alt war.«

Anja: »Und was musstest du dort machen?«

Oma Maria: »Ich bin jeden Morgen um fünf Uhr aufgestanden und habe für 150 Leute aufgedeckt und dafür gesorgt, dass es genug Kaffee gab. Und als dann auf einmal alle Leute in der Frühe gleichzeitig zum Frühstücken kamen – dafür musstest du schon auf Zack sein. Der Kaffee hatte First Class und heiß zu sein, denn damit startet man ja in den Tag.«

Anja: »Jetzt verstehe ich auch deine Leidenschaft für Kaffee.«

Oma Maria: »Drei Jahre später wurde das Hotel leider geschlossen. Die Gäste blieben aus, wir galten nicht mehr als modern, und das schöne Haus wurde sogar abgerissen. Trotzdem war es eine wundervolle Zeit. Das Hotel war wie meine Familie, und ich hatte gerne den Frühdienst, denn dann konnte ich schon mittags um halb zwei den Nachmittag genießen. Ja, und mit 64 war ich dann wirklich in Rente.«

Anja: »Wie sagt Udo Jürgens?«

Oma Maria: »Mit 66 Jahren, da fängt das Leben an!«

Anja: »Okay, du warst ja schon immer schneller …«

Wenn jemand eine Reise tut, so kann er was erzählen

Oma Maria: »In den 70ern waren Busreisen nach Jugoslawien sehr angesagt. Das war sehr schön und preiswert. Ich bin immer alleine runtergefahren. Hatte zwar auch Freundinnen, aber die meisten waren verheiratet und nicht so frei wie ich. Dadurch lernt man auch, sehr selbständig zu sein, und bleibt beweglich. Nach einem Jahrzehnt Jugoslawien-Urlauben kam in den 80er Jahren dann Marbella. Ich habe mir kein Zimmer im Hotel genommen, sondern ein minikleines Apartment zum Selbstversorgen gemietet. Also, nach der Rente konnte ich dann dort immer überwintern. Zu Hause hat niemand auf mich gewartet, die Kinder hatten ihre eigenen Familien, und ich konnte – beziehungsweise musste die Kälte des Winters nicht ertragen.«

Anja: »Fährst du dieses Jahr denn wieder mit deinen Freundinnen weg?«

Oma Maria: »Gute Idee! Ich rufe kurz mal Annegrete an!«

Zwei Stunden (!) später ist sie fertig mit Telefonieren.

Oma Maria: »Leider hat Annegrete was am Knie und ihre Freundin auch. Die fahren dieses Mal nicht weg. Was machen wir denn dann?«

Papa: »Wir können im Juni wieder zum Gardasee fahren. Das ist doch eine prima Idee. Oder wir machen eine Kreuzfahrt.«

Oma Maria: »Ach, da war ja noch die Geschichte mit dem Schiffskapitän.«

Anja: »Schon wieder, Oma? Hast du eine Schwäche für die See?«

Oma Maria: »Na, eher für die Seemänner.«

Papa: »Und wie kam es dazu? Diese Geschichte kenne ich jetzt auch noch nicht.«

Anja: »Bist du sicher, dass das deine Mutter ist?«

Oma Maria: »Ich fuhr mit dem Bus auf die Insel Krk. Als wir am Festland ankamen, war es elf Uhr abends, und das Schiff war weg. Dann sprach mich ein Schiffsoffizier an, ob ich noch bei ihm, wie ein paar andere Gäste auch, mitfahren wollte. Also willigte ich ein.«

Anja: »Mutig für die damaligen Verhältnisse.«

Oma Maria: »Wir kamen nach Mitternacht auf der Insel an, und die Menschen standen alle im Halbschimmer am Hafen und schwirrten aus. Leider hatte ich kein Zimmer reserviert und wusste nicht, wohin des Weges.«

Anja: »Dann hat er dir sein Zimmer angeboten?«

Oma Maria: »Nicht so vorschnell, junge Dame. Er hat mir ein Zimmer bei *seinen Eltern* angeboten, denn die hatten dort eine Pension. Sie war Italienerin, sehr warmherzig, und er ein sympathischer Krikerianer.«

Anja: »Haha. Ich glaube, das Wort gibt es nicht.«

Oma Maria: »Den Urlaub verbrachte ich alleine, denn der Schiffsoffizier musste wieder fahren. Eines Tages kam er wieder zur Insel zurück, um weiter nach Rijeka zu fahren. Da hat er mir dann den Hof gemacht.«

Anja: »Jemandem den Hof machen ist schon ein toller Ausdruck.«

Oma Maria: »Er hat mir seine Hütte gezeigt, und ja, dann habe ich bei ihm übernachtet.«

Papa: »Mutter, jetzt bitte keine Details!«

Anja: »Wusste er, dass du schon über 60 warst?«

Oma Maria: »Nein, das habe ich ihn nicht wissen lassen. Als ich wieder zu Hause angekommen war, hatte ich schon Post im Briefkasten. Einen sehr romantischen Liebesbrief von ihm. Sein Deutsch war nicht ganz so gut und mein Jugoslawisch nicht der Rede wert. Aber ich bin wieder zu ihm runtergefahren, und wir verbrachten eine wunderschöne Zeit zusammen. Eines Tages sind wir dann segeln gegangen und wollten zu einer einsamen Insel fahren. Nur leider kam ein Sturm auf, und wir mussten zurücksegeln. Es war wirklich sehr schlimm, und wir hielten uns verzweifelt an der Reling fest.«

Anja: »Oh! Er hat dir dann das Leben gerettet?«

Oma Maria: »Nein. Ich hatte noch nie einen Schiffskapitän gesehen, der so große Angst hatte. Wir haben uns beide ganz flach auf den Boden gelegt und gewartet, bis das Schaukeln wieder aufhörte. *Ich* hatte keine Angst. *Ich* konnte ja schwimmen. ›Will sehen noch inmal meine Kinda. Und min arme Frau‹, winselte er auf einmal in gebrochenem Deutsch.«

Anja: »Waaaas? Er war vergeben?«

Oma Maria: »Ja, in dieser Gefahrensituation stellte sich heraus, dass er verheiratet war und zwei Kinder hatte.«

Anja: »Neeeeeee. Hallodri!«

Oma Maria: »Nach dem Motto: Was ich nicht sehe, ist erst einmal nicht da.«

Anja: »Hahaha! Gutes Motto! So kann man natürlich auch leben.«

Oma Maria: »So schlimm war es gar nicht. War ja klar, dass es ein Urlaubsflirt war. Mit den Männern auf hoher See hatte ich ja meine Erfahrung.«

Anja: »Wie meinst du das?«

Oma Maria: »Ach, ich glaube, er hielt es mit der Treue wie Hans Albers:

›In jedem Hafen eine Braut, das ist doch nicht zu viel. Solange jede uns vertraut, ist das ein Kinderspiel.‹ Und wenn der Mann nett und anständig ist, er dich mag und die Umstände halt so sind, dass man sich dann nicht mehr sehen kann, dann war es trotzdem sehr schön.«

Urlaub nach Omas Geschmack

Oma findet meinen Freund Nick sehr reizend. Endlich mal wieder frische, männliche Gesellschaft. Und deshalb ist er bei unserem nächsten Familienurlaub mit von der Partie. Inzwischen bin ich schon sehr geübt, was das Hotelbuchen angeht, denn ich weiß, was Omas »Schweineherz« sich wünscht, damit alles glattläuft. Barrierefrei, Aufzug, Parkplatz, Pool, Zimmer mit Blick aufs Wasser, schöne Grünanlage mit ganz vielen Blumen, damit Oma im Schatten sitzen kann, und am besten in der Nähe einer Promenade, um dem Jubel und Trubel beiwohnen zu können. Dieses Mal bleiben wir auch an nur einem Ort, nämlich in Malcesine.

Wir richten uns in unseren Zimmern ein, treffen uns danach alle auf der Terrasse, die Sonne geht unter, die Lichter des Sees leuchten. Es gibt für jeden ein Gläschen Rotwein, und wir genießen die Stille. Nur dem Zirpen der Zikaden lauschen wir.

Oma Maria: »Ach, ist das schön hier. Am Rhein.«

Wir alle schauen Oma fragend an und lachen dann laut los. Sie blickt verständnislos drein.

Anja: »Oh, du meinst das ernst, Oma? Jetzt fängt es wohl auch bei dir an ... Das ist der Gardasee.«

Oma Maria: »Das muss einem ja gesagt werden. Außerdem hat der sich noch nicht persönlich bei mir vorgestellt!«

Papa, der Poolboy

Es ist heiß und sonnig. Oma schläft tief und fest auf einer Liege im Schatten eines Olivenbaums. Plötzlich vernehmen wir ein lautes Rufen.

»JOOOOOOOOOOOOCHEN!!!!! Um Gottes willen, es regnet!«

Wir drehen gleichzeitig unsere Köpfe zu ihr rüber und sehen Oma blitzschnell hochjagen – von 105 Jahren keine Spur. Sie fuchtelt wild um sich. Und von Regen auch keine Spur!

Oma Maria: »Joooooooooooochen! Schnell!«

Papa: »Mutter, alles gut, du hast geträumt! Es regnet nicht!«

Oma Maria: »Doch, komm schnell! Es regnet. Ich bin doch nicht verrückt!«

Also bequemt sich Papa zu ihr rüber und fängt an zu lachen.

Papa: »Mutter, das sind Blätter, die vereinzelt vom Baum auf dich herunterfallen.«

Oma Maria: »Kein Regen? Dann hat er gerade aufgehört.«

Anja: »Hast recht, der Pool läuft auch schon über.«

Auch an diesem letzten Urlaubstag sieht man, dass Oma immer recht erfinderisch ist, was ihre Ausreden angeht.

Urlaubs-Freunde

Oma Maria: »Am Strand von Marbella habe ich Edda aus Düsseldorf kennengelernt. Das war meine erste langjährige Urlaubsfreundin. Natürlich haben wir uns auch in Essen und Düsseldorf besucht. Über sie habe ich Charles kennengelernt. Ein feiner Mann aus Baden-Baden, der in Spanien als Sport-Masseur arbeitete. Er wurde dann mein erster richtiger Freund seit langem. Er war erst 58, ich schon in den 70ern, aber das wusste er auch nicht. Ich sah wohl schon immer jünger aus.«

Anja: »Jetzt geht es los mit den jüngeren Männern.«

Oma Maria: »Besonders lustig war es immer mit den beiden Schwulen aus unserer Clique. Du musst bedenken, früher hatten es Schwule grundsätzlich nicht so leicht im Zusammenleben wie heutzutage. Große Aufregung gab es, als die beiden mal zusammen getanzt haben. Ach, war das witzig! Na ja, nicht alle hatten dafür Verständnis. So war das halt! Und wie immer kam beim Tanzen auch mein nächster Schwarm um die Ecke. Diesmal war ich aber mit meiner Schwärmerei für ihn nicht alleine. Du musst dir vorstellen: ein romantisches Restaurant am Strand, tolles Essen, wunderschöne Atmosphäre. Die Sonne geht unter. Du bist ganz leicht und angeheitert vom Wein – und dann hörst du diese Stimme? Er singt von Liebe, der Sehnsucht, und das Ganze in schönstem Spanisch?«

Anja: »Jaaaaaaaaa?«

Oma Maria: »Na, ich meine natürlich *Julio Iglesias*. Ach, was für ein gutaussehender Mann. Spanien ohne ihn? Undenkbar. Und wenn du dann zu Hause bist und wieder seine Platte auflegst, war es gar nicht so schwer, wieder diese Leichtigkeit vom Urlaub zu spüren. Und kein Ehemann weit und breit, dem das vielleicht zu blöd hätte werden können.«

Anja: »Haha, Oma, du bist wirklich immer für eine Überraschung gut.«

Tapetenwechsel

Oma Maria: »Fit hielt ich mich durch Schwimmen und jeden Morgen 20 Minuten Yoga. Und ich bin gerne mit meiner früheren Nachbarin in die See-Sauna gegangen.«

Anja: »Na, Seen haben wir hier wirklich en masse.«

Oma Maria: »Zusammen mit den Bergen fand ich das auch am schönsten, als ich Anfang der 80er Jahre nach Bayern gezogen bin. Nur an den Dialekt musste ich mich gewöhnen.«

Anja: »Ruf sie doch mal wieder an!«

Oma Maria: »Das ist eine gute Idee.«

Anja: »Ist sie nicht 25 Jahre jünger als du?«

Oma Maria: »Wir teilen auch die Leidenschaft fürs Stricken und Nähen. Der Altersunterschied, ach, der fällt in der Sauna gar nicht auf!«

Der letzte Lover

Anja: »Wie war das damals mit dem Spanier, der auf die blonden Frauen scharf war?«

Oma Maria: »Ja, der, der war toll. Der hieß José, und den habe ich auch beim Tanzen kennengelernt. Der gehörte zu Charles' Freunden. Charles und ich waren inzwischen nicht mehr zusammen.«

Anja: »Und für ihn war das okay?«

Oma Maria: »Ja, im Urlaub ist vieles anders. Wir

wohnten ja nicht zusammen. José habe ich das erste Mal auf der Straße gesehen. Edda und ich hatten einen kleinen Autounfall, und er und sein Freund halfen uns.«

Anja: »So macht man das also.«

Oma Maria: »Wenn ich so überlege? Das klingt bei mir immer so leichtfertig, aber in meinem Alter, was sollte da noch passieren? Kinder konnte ich keine mehr kriegen, Aids war noch nicht gefährlich und … geht es nicht darum, offen für die Dinge und Menschen zu sein? Nur so lernt man Neues und neue Menschen kennen und kann über sich hinauswachsen.«

Anja: »Schon klar: You can win if you want. Du kannst gewinnen, wenn du nur willst.«

Oma Maria: »Ach, mach doch mal wieder die alte *Platte* an. Die höre ich heute noch gerne.«

Also krame ich die alte *Kassette* von Modern Talking raus. Schon steht Oma auf und schwingt ihre Hüften. Irgendwie ganz schön cool, dass sie 1985 als bereits 76-Jährige diese Musik gehört hat.

Oma Maria: »Sie haben uns erst auf einen Eiskaffee eingeladen, und dann sind wir zusammen in ein Tanzcafé. Er legte es darauf an. Die Spanier waren alle ganz verrückt nach den blonden Frauen. Was sie sich alles einfallen ließen. Romantische Worte … So was sagt dir kein deutscher Mann. Zumindest hat mir das noch keiner gesagt. Diese Affäre ging zwei Urlaube lang, bis ich irgendwann mal mein wahres Alter verriet. Ich war damals schon über 80 und dachte mir:

Das gehört sich dann vielleicht doch nicht mehr so. Immerhin war José gerade mal 45. Als er das erfuhr, fiel er im wahrsten Sinne aus meinem Bett – und kam auch nicht mehr zurück. Haha!«

Anja: »Ach, wie schade.«

Oma Maria: »Und soll ich dir noch was sagen? Ich bereue, dass ich damals José mein wahres Alter gesagt habe, denn damit war er mein letzter Liebhaber. Ich dachte, es sei nicht richtig und mit über 80 solle man vielleicht etwas zurücktreten. Aber das Alter ist nicht wichtig. Wie man sich fühlt, was man erleben will und ob man eine positive Einstellung zu den Dingen hat, das ist wichtig!«

Das Strumpfbein schwingen

Wir sitzen bei Oma Maria im Wohnzimmer. Mamma-Mia sind auch da, und wir naschen Plätzchen. Oma Mia ist glücklich und zufrieden. Ich will Musik anmachen und suche »Woman in Love« von Barbra Streisand aus. Damit bringe ich das Herz von Oma Maria immer zum Schmelzen.

Oma Maria: »Ute, mach doch bitte lauter.«

Mama: »Maria, weißt du noch, als du mich damals wegen der Netzstrümpfe angerufen hast?«

Anja: »Wann war das?«

Oma Maria: »Netzstrümpfe? – Ach ja, daran kann ich mich noch gut erinnern.«

Mama: »Maria war 80 oder so. Sie wollte, dass ich ihr Netzstrümpfe nach Spanien schicke, denn dort gab es keine.«

Oma Maria: »Denn ich brauchte dringend welche zum Tanzen.«

Oma Mia: »Dat is' aber keine Tanzmusik, die da läuft! Und von wat singt die da?«

Ich stehe auf, denn ich will ja auch Oma Mias Wünschen gerecht werden. Ich krame in Oma Marias alten Kassetten und finde – sehr gut! Dschinghis Khan, »Moskau« von 1979. *»Komm wir tanzen auf dem Tisch, bis der Tisch zusammenbricht!«*

Mama: »Ja, sie hatte vorher eine Freundin angerufen, aber die fand das unmöglich.«

Oma Maria: »Netzstrümpfe für eine 80-Jährige würden sich nicht gehören, meinte sie.«

Mama: »Aber ich fand das gut. Warum auch nicht? Und hab Mutter welche geschickt.«

Oma Maria: »Damit tanzte es sich gleich viel besser und beschwingter.«

Abi 1998

Um von meinem Elternhaus zum Gymnasium zu kommen, musste ich jeden Morgen mit dem Zug nach Rosenheim fahren. Oma hingegen wohnte nicht unweit von meiner Schule, weshalb ich im Sommer 1997 bei ihr einzog. Ich dachte mir: Kürzere Wege – mehr

Zeit zum Lernen. Und für Oma war es auch ein guter Deal: Jeden Tag durfte ich mir wünschen, was ich zum Mittagessen wollte, hatte dafür aber auch pünktlich zum Essen zu erscheinen und musste mit ihr abends Rummikub spielen.

Anja: »Oma, das ist ja schlimmer als beim Militär!«

Oma Maria: »Regelmäßiges, gesundes Essen ist wichtig für dein Gehirn.«

Anja: »Ja, das schon, aber doch nicht *pünktliches* Essen.«

Oma Maria: »Stimmt! Die Pünktlichkeit braucht *mein* Gehirn.«

Jeder Tag verlief nach dem gleichen Schema: Mittagessen, lernen oder noch mal zum Unterricht und abends »Verbotene Liebe« anschauen. Das hatte ich mitzuschauen, das war Omas Wunsch. Wehe, sie verpasste auch nur eine Folge oder es störte sie jemand! Die Serie war ihr wirklich heilig!

Anja: »Oma, es klingelt! Machst du bitte die Haustür auf? Ich kann gerade nicht!«

Oma Maria: »Nein, jetzt nicht!« Und sie macht den Fernseher an.

Anja: »Oma! Das ist bestimmt mein Freund!«

Oma Maria: »Kann der nicht besser später wiederkommen?«

Anja: »Nein! Das ist schließlich *keine* verbotene Liebe.«

Das hinderte sie aber auch nicht daran, nach der Folge an meine Zimmertür zu klopfen und zu fragen: »Wollen wir nicht zusammen Rummikub spielen?«

Welcher einigermaßen vernünftige junge Mann kann einer 88-Jährigen diesen Wunsch schon abschlagen?

Abends las sie immer die Bunte, gerne auch laut, und regte sich über den einen oder anderen Promi auf. Ich war also voll im Bilde.

Meine Hauptfächer waren Kunst, Deutsch, Mathe und Sozialkunde, und sie war bei allen Themen eifrig dabei. Sie hat viel Neues dabei gelernt, und ich muss sagen, dadurch dass sie so interessiert an allem war und ich ihr vieles erklären musste, war es eine spielerische Art zu lernen.

Lady Di

Radio: »*... und nach einem tragischen Unfall erliegt die Prinzessin ihren Verletzungen!*«

Anja: »Waaaaaaaas? Oma, komm schneeeeell! Prinzessin Di ist gestorben!«

Oma stürzte aus der Küche ins Wohnzimmer, mit dem Kochlöffel in der Hand, die Schürze umgebunden. Aber nicht wie eine 88-Jährige, eher wie ein 20-Jährige, und wir lauschten wie versteinert den Nachrichten. Wir wollten es gar nicht wahrhaben, dass die Prinzessin der Herzen gestorben sein sollte.

Oma Maria: »Das ist sicher eine Fehlmeldung. Ich mach mal den Fernseher an.«

Und auch dort bestätigten sich die Gerüchte. Es kullerten tatsächlich Tränen, und der Milchreis brannte an.

Oma Maria: »Das wäre eh kein angemessenes Essen ihr zu Ehren gewesen.«

Oma, die Kaffee-Kaiserin

Eines Morgens versuche ich, das Kaffeekochen zu übernehmen. In Omas Augen ist alleine dieser Versuch eine Katastrophe.

Oma Maria: »So nicht, Spätzchen. Ist das Instant-Kaffee?«

Anja: »Nein, natürlich nicht!«

Oma Maria: »Was ist denn das für eine Plörre? Ich trinke das nicht!«

Anja: »Dann eben nicht. Wie hättest du es denn gerne?« Ich war tatsächlich etwas beleidigt.

Oma Maria: »Der Kaffee muss jeden Morgen frisch in der kleinen Mühle gemahlen werden.«

Anja: »Hab ich doch! Riecht man das nicht?« Der Duft von frischem Kaffee ist sogar für mich als Nicht-richtigen-Kaffee-Trinkerin ein Genuss.

Oma Maria: »Dann machst du das Kaffeestövchen an und … Nein, Spätzchen, warte, ich zeige es dir!«

Anja: »Oma, wir sind nicht am Kaiserhof! Ich bin's, deine Enkelin!«

Oma Maria: »Genau deswegen musst du jetzt zuhören. Mein Kaffee genießt einen gewissen Ruf!«

Anja: »Den von dir zubereiteten Kaffee kann doch eh keiner trinken – außer dir!«

Oma Maria: »Weil du guten Kaffee nicht gewohnt bist. Hier, der Filter wird unten geknickt, damit der Kaffee noch feinporiger durchlaufen kann. Und bevor du überhaupt die vier Löffel gemahlenen Kaffees in den Filter häufst, wird dieser mit heißem Wasser aufgegossen, das so schon in die darunter stehende Kanne laufen kann. Auf diese Weise wird gleich die Kanne aufgewärmt, und der Kaffee bleibt von Anfang an warm.«

Anja: »Oma, ich muss gleich in die Schule!«

Oma Maria: »Man muss *alles* mit Zeit und Leidenschaft machen.«

Anja: »Als Rentnerin kannst du dir das vielleicht erlauben.«

Oma Maria: »Und: Die Kaffeetasse wird auch schon mit heißem Wasser aufgegossen, und kurz bevor man den Kaffee einschenkt, schüttet man das heiße Wasser natürlich wieder aus. Dadurch bewahrt man das Aroma.«

Anja: »Und jetzt?«

Oma Maria: »... gießen wir das heiße Wasser über den Kaffee, und wenn der beim ersten Mal durch ist, lass ich für dich noch mal eine zweite Tasse durchlaufen. Sonst reicht eine.«

Anja: »Mit dem Kaffee schlafe ich sicher nicht in der Schule ein!«

Mit der Zeit gehen

Eines Tages bekomme ich mein erstes Erbstück: Oma überlässt mir ihr uraltes Fahrrad.

Oma Maria: »Ich glaube, ich sollte als angehende 90-Jährige vielleicht doch nicht mehr Fahrrad fahren. Nicht, dass ich plötzlich vom Rad falle.«

Anja: »Das glaube ich nicht.«

Oma Maria: »Ich auch nicht, aber inzwischen ist der Bus schneller.«

Ein Kommentar zum Alter

Am letzten Abend meines WG-Jahres mit Oma legt sie die Bunte-Zeitschrift zur Seite und meint: »Ach, die will ich nicht mehr lesen! Die Menschen darin sind alle so alt!«

Einkaufsparadies

Papa und ich planen nach 20 Jahren mal wieder einen gemeinsamen Urlaub. Wir wollen für eine Woche nach Sri Lanka. Freunde von uns kommen auch noch mit. Für Oma ist gesorgt: Es gibt die Nachbarschaftshilfe, Freunde, die für sie kochen, eine liebe Nachbarin, die immer für sie da ist, und sogar meinen Freund Nick, der als Oma-Sitter für ein ganzes Wochenende einspringt. Mehr Unterhaltung und Abwechslung geht nicht. Und ich habe mich seit Monaten auf diese Reise gefreut. So schön es mit Oma im Urlaub ist, aber so ein langer Flug ist nichts für sie.

Und dann kommt, was immer kommt – Omas Angst, wenn Papa mal länger weg ist. Einen Tag vor unserem Abflug meint sie: »Ich werde wahrscheinlich sterben, wenn Jochen jetzt wegfliegt.«

Anja: »Oma, das ist Erpressung. Dir geht es doch super. Du hast nichts, brauchst keine Tabletten, du schläfst hervorragend und bekommst ein super Ferienprogramm geboten. Lass Papa und mich doch bitte einmal alleine wegfahren.«

Oma Maria sagt stattdessen: »Nein, ich werde das nicht überleben«, und fängt an zu weinen.

Was soll man da machen? Papa schlägt vor, mich alleine verreisen zu lassen.

»Nein!«, sage ich. »Du bist ständig mit Oma zusammen und hast in den letzten fünf Jahren nicht einmal Zeit für dich gehabt. Flieg du!«

Papa: »Aber was ist, wenn ich jetzt gehe? Nicht, dass sie stirbt!«

Anja: »Papa, sie stirbt nicht, wenn ich da bin. Sie ist nur eifersüchtig, dass sie nicht dabei sein kann.«

Und ihr Blick, als ich das zu Papa sage, bestätigt meine Aussage.

Oma Maria: »Also, wenn das Spätzchen bei mir bleibt, habe ich keine Sorge.«

Also fliegt Papa wie geplant, und ich passe die Woche auf Oma auf. Und weg war er, mein Traum von Sri Lanka. Verdammt. Wie lange wollte ich dort schon hin?

Was soll's? Ich lebe ja noch länger ... Statt traumhaftem Wetter und warmem Meer auf Sri Lanka heißt es eine Woche kalter Regen und heftige Graupelschauer in Rosenheim!

Mama hat auch einige Termine, weshalb ich wieder das Vergnügen habe, beide Omas an die Hand nehmen zu dürfen. Ursprünglich wollten wir die jüngere abholen, aber die ältere will jetzt nicht mehr. Sie will lieber mit mir alleine fahren, weil Oma Mia immer so langsam ist und immer wieder das Gleiche fragt. Ich erkläre ihr, dass es aber anders nicht geht und wir MammaMia schon unterstützen müssen. Dann geht es los mit der immer gleichen Begrüßung.

Oma Mia: »Hallo, Maria, sag mal, wie alt bist du jetzt?«

Oma Maria, ganz stolz: »105!«

Oma Mia: »Was? So alt wird doch kein Schwein?«

Oma Maria: »Meins schon. Wie alt bist du denn noch mal?«

Oma Mia: »Weiß ich nicht.«

Anja: »98!«

Oma Mia: »Was? Nein, dat glaube ich nicht. Wie geht denn so was?«

Oma Maria: »Von alleine.«

Wir fahren zu einem Supermarkt in Österreich. Es ist gar nicht so einfach, beiden *gleichzeitig* aus dem Auto zu helfen. Die Jüngere ist langsamer, also fange ich mit ihr an. In der Zeit hat sich Maria schon flink aus dem Kia gehievt. Mia schiebt den Einkaufswagen zu meiner Linken und Maria halte ich an der Hand zu meiner Rechten. Wir betreten den Laden, und für beide öffnet sich das Paradies.

Oma Mia: »Oh, wat für köstliche Birnen.«

Oma Maria: »Also, die Clementinen sehen toll aus. Nehmen wir die für Jochen mit?«

Oma Mia: »Dann will ich die Birnen.«

Anja: »Aber wir brauchen weder Clementinen noch Birnen.«

Oma Maria: »Woher weißt du das?«

Anja: »Weil Papa gerade auf Sri Lanka ist und Mama mir vorhin noch gesagt hat, ihr hättet genügend Birnen zu Hause.«

Oma Maria: »Äpfel! Wir brauchen Äpfel!«

Anja: »Na gut, welche willst du?«

Oma Maria: »Die Pink Lady.«

Oma Mia: »Sind dat besondere Äpfel?«

Oma Maria: »Ja, besonders süß! Und so lecker!«

Oma Mia: »Dann will ich dat auch.«

Anja: »Nein, die Mama hat genügend Äpfel zu Hause.«

Oma Mia: »Darf ich denn gar nichts kaufen?«

Anja: »Doch, nur kein Obst.«

Oma Maria: »Wir brauchen Marmelade!«

In Zeitlupe schiebt Mia den Einkaufswagen von Regal zu Regal und begutachtet jeden Artikel aufs genaueste. Man könnte meinen, sie habe noch nie in ihrem Leben Christstollen gesehen.

Oma Mia: »Kann ich den haben?«

Anja: »Wenn du möchtest ...«

Sie legt daraufhin ihre Sachen schön getrennt von unseren in den Korb.

Anja: »Omma, also bitte! Ich zahle doch alles zusammen.«

Oma Maria: »Ich möchte eine Himbeermarmelade.«

Anja: »Nehmen wir zwei, dann sind sie billiger.«

Oma Mia: »Ich hätte gerne Pflaumenmarmelade.«

Anja: »Gut, nehmen wir auch eine Pflaume, dann wird es noch billiger.«

Oma Maria: »Aber getrennt in den Korb – sie muss schon ihre selbst zahlen.«

Anja: »Oma, das geht nicht, dann wird es doch nicht billiger!«

Zehn Marmeladengläser später.

Oma Mia: »Gehört mir da auch wat von? Dat is' Himbeere, ich mach keine Himbeere.«

Oma Maria greift in den Wagen zu den Marmeladengläsern. »Das ist ja Zwetschge! Ich mag keine Zwetschge!«

Anja: »Jeder hat seine Marmelade bekommen. Können wir jetzt weitergehen?«

Oma Mia: »Und wem gehört der Stollen?«
Anja: »Der ist für dich.«
Oma Mia: »Dat freut mich. Bekomme ich auch eine Marmelade?«
Anja: »All die Zwetschgen gehören dir.«
Oma Mia: »Aber ich hab doch gar kein Geld dabei!«
Anja: »Du bist eingeladen. Was wollen wir denn zu Abend machen? Etwas mit Fisch, oder würde –«

Oma Mia greift nach einer 100er-Packung Plätzchen, die bei den Sonderangeboten liegt, und will sie in den Wagen legen. Ich nehme sie ihr wieder aus der Hand und stelle sie zurück.

Anja: »Nein! Omma, bitte lass die Weihnachtsplätzchen stehen!«

Jetzt wird es brenzlig. Maria läuft alleine weiter und damit auch nicht mehr an meiner Hand. Sie hangelt sich von Einkaufswagen zu Einkaufswagen. Ihre Augen leuchten vor Freude, während Mia kaum von der Stelle kommt und sich nicht von der Fischtheke lösen will.

»Uuuuuhhhhhiiiiii!«, höre ich Oma Maria nur von weitem rufen.
Anja: »Was ist los, Oma?«
Oma Maria: »Schau mal! Hier gibt es Steiiiiiinpilze. Die will ich haben!«
»Nein, Omma, leg die Plätzchen weg!«, sag ich währenddessen zu Oma Mia. »Ich backe selber.«

Oma Mia: »Davon hab ich doch nichts.«

Anja: »Du bekommst doch dann welche von mir. Außerdem kosten die 15 Euro. Das ist Wucher!«

Oma Mia: »Is' dat denn teuer?«

Anja: »Und wie!«

Oma Maria: »Ich brauche jetzt bitte den Einkaufswagen für die Steinpilze!«

Anja: »Ja, Miez, BITTE warte einen Moment, wir kommen! Los, James, fahren Sie den Wagen vor.«

Oma Mia: »Dann möchte ich aber wenigstens den Matjes. Ich esse Matjes so gern. Den habe ich sicherlich seit 20 Jahren nicht mehr von meiner Tochter bekommen.«

Anja: »Du bekommst den mindestens einmal in der Woche.«

Oma Mia: »Woher willst du dat denn wissen?«

Anja: »Weiß ich, weil du ihn so gerne magst. Aber gut, nimm ihn mit. Und: NEIN! Keine Plätzchen!« Ich nehme die Schachtel wieder aus dem Einkaufswagen.

Inzwischen schaut Oma Maria schon ganz grimmig, denn sie will weiter zur Tiefkühlkost. Endlich kommen wir bei ihr und den Pilzen an, die sie sogleich in den Wagen legt.

Oma Maria: »Warum ist da nur Zwetschgenmarmelade drin?«

Anja: »Nein, hier, schau, ist auch Himbeere dabei.«

Oma Mia: »Und für wen ist der Stollen?«

Anja: »Für dich?«

Oma Mia: »Für mich? Ich will aber lieber die Plätzchen!«

Anja: »Vorhin wolltest du aber Stollen.«

Oma Maria: »Oh, Matjes. Ich hätte gerne Fischstäbchen.«

Anja: »Dann nimm dir welche mit, und nein, Mia, wir brauchen keine Muffins. Wo kommen die denn schon wieder her?«

Oma Mia: »Wat ist dat? Maaafiiiinnnns?«

Anja: »Trockene Schockoteilchen.«

Oma Mia: »Sehen aber lecker aus! Mmmhhjammm!«

Anja: »Schmecken aber ganz ekelig, Oma, echt!«

Zerknirscht legt sie die Muffins wieder weg. Inzwischen werden wir schon amüsiert von anderen Einkäufern und dem Personal angeschaut. Ich meine auch ein wenig Mitleid mit mir in den Augen der anderen zu sehen, weil es offensichtlich schwer ist, beiden Großmüttern gleichzeitig gerecht zu werden. Ich drehe mich wieder zum Einkaufswagen hin – und was sehe ich? Die Plätzchen!

Anja: »Mia! Keine Plätzchen!«

Oma Mia, ganz kleinlaut: »Von mir sind die nich.«

Oma Maria: »Ich wollte die haben!«

Anja: »Was? Nein! Für dich gibt es auch keine Plätzchen. Ich backe doch selber.«

Oma Maria: »Aber die sehen schon gut aus.«

Anja: »Oma, ich kann sie nicht *Mia* verbieten, damit *wir* sie dann mitnehmen!«

Oma Mia: »Is' da auch Zwetschgenmarmelade dabei?«

Anja: »Jaaaaaaaaa.«

Tief durchatmen.

Anja: »Bitte keine Plätzchen, Maria. Aber wenn du willst, nimm dir doch Pralinen mit.«

Oma Mia: »Darf ich auch?«

Anja: »Nein, Mama hat welche daheim.«

Oma Mia: »Darf ich denn gar nix kaufen?«

Anja: »Doch, was möchtest du denn noch?« Ich fahre mit dem Einkaufswagen fast eine Palette Lebkuchen um.

Oma Mia: »Lebkuchen!«

Anja: »Nein, die backe ich auch zu Weihnachten.«

Oma Mia: »Wat hab ich davon?«

Anja: »Du bekommst doch was ab.«

Oma Maria: »Ich auch? Oder bekommt die nur Oma Mia?«

Anja: »Natürlich du auch.«

Immer diese Eifersucht! Wie bei Kindern. Was die eine hat, will die andere auch. Gibt's das denn noch im hohen Alter? Ich schnappe mir je eine Hand der Omas, lege sie auf den Einkaufswagen und suche die Kassen. Wir versperren auf diese Weise natürlich den ganzen Weg, aber das muss jetzt sein.

Anja: »Ich habe die Milch vergessen. Keiner rührt sich vom Fleck oder fasst was an!«

Als ich zwei Minuten später wiederkomme, sind die Omas natürlich weg. Die Kassiererin meint, die lustigen Ladys wollten noch mal durch den Laden gehen.

Ich finde sie – beide sich irgendwie am Einkaufswagen festhaltend – an der Fleischtheke wieder.

Oma Maria: »Was ist das?«

Verkäuferin: »Pizza-Leberkäse. Also Leberkäse gefüllt mit Tomate, Käse und Mais.«

Oma Maria: »Dann hätte ich gerne genau so eine Semmel.«

Oma Mia: »Dat will ich auch.«

Anja: »Oma, du darfst leider nicht. Weil du gerade nichts Salziges essen kannst. Denk an deine Galle.«

Oma Mia: »Ich hab aber Hunger.«

Anja: »Du hast gerade gegessen.«

Oma Mia: »Und warum darf Maria?«

Oma Maria: »Wir haben noch nichts gegessen.«

Natürlich haben wir auch schon gegessen, aber ich sage besser nichts.

Ich zahle die Waren getrennt, aber beides vom gleichen Geld. Die ältere Oma halte ich jetzt fest an der Hand, die andere manövriert gaaaaaanz laaaaangsam den Einkaufswagen zum Auto und behält dabei Oma Marias Leberkäse genauestens im Auge. Deswegen fährt sie natürlich einen Blumenkübel um. Den hab ich leider auch zu spät gesehen. Maria kann es natürlich kaum abwarten, ins Brötchen zu beißen, worauf Mia ganz neidisch ist.

Oma Mia: »Ich will auch. Maria, gib mir ein Stück ab!«

Oma Maria: »Aber du darfst doch nicht.«

Anja: »Na gut. Gib ihr so ein kleines Eckchen.«

Damit ist die Jüngere zufrieden, und die Ältere, die inzwischen eh wie ein Spätzchen isst, legt die Semmel nach einem Bissen auch schon wieder beiseite.

»Und was machen wir jetzt?«, fragen mich beide.

Anja: »Jetzt fahren wir zum Tanken.«

Oma Maria: »Und was sollen wir währenddessen machen?«

Anja: »Still sitzen bleiben und lächeln.«

Für den Rest des Tages braucht man einfach nur starke Nerven, unendlich viel Geduld und Verständnis von den Mitmenschen. Den umgefahrenen Blumenkübel hat die Verkäuferin zum Glück mit einem Schmunzeln aufgehoben.

Nachdem ich Mia wieder bei meiner Mutter abgegeben habe und mit Oma Maria zu Hause angekommen bin, meint sie: »Das war schön! Das machen wir *morgen* gleich wieder mit Mia. Die hat sich doch sooo gefreut.«

Die Woche bleibt so lustig, und keine Sekunde lässt Oma Maria ungenutzt verstreichen. Papa schickt uns die schönsten Bilder per Handy, und ich schlucke jedes Mal – denn dort hätte ich auch sein können. Das Ferienprogramm wird ausgearbeitet bis ins letzte Detail. Es gibt einen Wochenkalender, in dem genau festgehalten wird, wann wir was machen: Friseur, Pediküre, Shoppen, Freunde, die uns besuchen kommen, Oma Mia kommt wieder vorbei, Kuchen backen, langweilige Fußballspiele, gute Fernsehfilme und, und, und …

Oma hat einen Plauderflash nach dem anderen: »... wie schön, dass wir Frauen für uns sind. Das ist ja schon was anderes als mit Jochen.«

Ich bin platt nach der Woche, und als Papa am Ende der Reise anruft, sagt Oma Maria: »Du kannst gerne noch eine Woche bleiben. Uns geht es sehr gut.« Ich nehme ihr das Handy aus der Hand und sage zu ihm: »Denk nicht mal dran!«

Vier Wochen später feiern wir mit Familie und Freunden Oma Marias 106. Geburtstag. Alle staunen. Wie macht sie das nur?

Weihnachten der besonderen Art

Wir Kinder wurden nicht getauft. Unsere Eltern stellten uns frei, woran wir glauben wollten. Wichtig war nur, dass wir einmal den katholischen und einmal den evangelischen Schulunterricht mitmachen. Ich bin bekenntnislos geblieben. Mein älterer Bruder hat sich später katholisch taufen lassen.

Deswegen ist der diesjährige, einzige Weihnachtswunsch meines Bruders folgender, den wir ihm erfüllen: Wir möchten doch bitte alle mit in die Kirche kommen. Eine kleine Bescherung, viele Plätzchen und besonders die Rumkugeln, die versehentlich mit sechs Esslöffeln statt mit sechs Teelöffeln Rum zubereitet wurden, erfreuen sich größter Beliebtheit. Langsam wird es Zeit, und wir machen uns auf zur Kirche.

Oma Mia: »Wohin fahren wir denn?«
Anja: »Zur Kirche.«
Oma Mia: »Was wollen wir denn da?«
Anja: »Es ist doch Weihnachten.«
Oma Mia: »Ja, und? Die Plätzchen sind doch hier.«

Im Auto.

Oma Mia: »Wohin fahren wir?
Anja: »In die Kirche.«
Oma Mia: »Warum?«
Anja: »Weil Weihnachten ist.«
Oma Mia: »So ein Quatsch.«
Anja: »Oma, das muss jeder für sich entscheiden.«
Oma Mia: »Ich hab das nicht entschieden.«

Die Kirche ist bis auf zwei Personen noch leer. Decken und Kissen werden ausgepackt, damit die Omas gut sitzen können und sich nicht verkühlen. Dann warten wir auf den Beginn der Predigt. Bis dahin sind es aber noch 45 Minuten. Wir wollten eher losfahren, damit wir noch gute Plätze bekommen würden. Allmählich füllt sich die Kirche.

Oma Mia: »Was wollen wir denn hier?«
Oma Maria: »Das ist eine Kirche!«
Oma Mia: »Wieso gehen wir denn in die Kirche?«
Oma Maria: »Wieso denn nicht?«
Oma Mia: »Hier passiert doch nix.«
Oma Maria: »Na, noch nicht!«

Kurze Zeit später. Es kommen immer mehr Kirchenbesucher.

Oma Mia: »Wo sind wir hier?«

Papa: »In der Kirche.«

Anja: »Mama, soll ich das auf einen Zettel schreiben und ihr den auf den Schoß legen?«

Mama. »Ja, gute Idee. Hast du einen?«

Anja: »Ähhmm, nee. Leider nicht.«

Oma Mia: »Sind die Leute hier katholisch oder evangelisch?«

Und Mama, die es nur gut meint und meinem Bruder und ihrer evangelischen Mutter nicht zu nahe treten will, hat die tolle Idee, Folgendes zu antworten: »Von beidem etwas!«

Daraufhin drehen wir uns alle amüsiert zu Mama um und Oma Maria sagt: »Das find ich gut, auch wenn es nicht stimmt!«

Oma Mia: »Versteh ich nicht. Hat jemand Plätzchen dabei?«

Inzwischen hat die ganze Gemeinde Spaß an unserem Plausch, und man sieht nur erheiterte Gesichter. Jeder realisiert, dass Oma Mia an Demenz leidet. Wir versuchen dennoch, ab und zu angemessen zu schweigen. Die Kirche wird immer voller; nur die Bänke um uns herum bleiben noch frei.

5 Minuten später. Das Gehirn von Oma Mia steht wieder auf Reset.

Oma Mia: »Wo sind wir hier?«

Anja: »In der Kiiiiiiiirche.«

Oma Mia: »Warum?«

Anja: »Weil heute Weihnachten ist. Da darf man sich was vom Christkind wünschen.«

Oma Mia: »Dann will ich wieder nach Hause. Passiert ja nix. Langweilig.«

Kurze Pause. Dieses Mal hat sie sich wohl gemerkt, dass sie in der Kirche sitzt.

Oma Mia: »Maria, wie alt bist du denn jetzt?«

Oma Maria: »Das hab ich dir schon dreimal gesagt.«

Oma Mia: »Hab ich schon wieder vergessen!«

Oma Maria: »Dann streng mal dein Hirn an.«

Oma Mia: »Kann ich nicht. Bin wohl schon etwas verrückt.«

Oma Maria: »Anja-Spätzchen, du bist Sopran?«

Anja: »Ja. Wieso?«

Oma Maria: »Und ich bin *alt*! Hihi.«

2 Minuten Ruhe. Die Kirche ist voll, und die Predigt beginnt bald.

Oma Mia: »Ich will nach Hause.«

Oma Maria: »Dann geh doch.«

Anja: »Oma, jetzt geht es gleich los.«

Oma Mia: »Was?«

Mama: »Psst, Mami, oder wir müssen jetzt wirklich gehen.«

Oma Mia: »Wat ist denn? Darf man hier nicht sprechen? Is' dat verboten?«

Anja: »Richtig, Oma, sonst kommst du nicht in den Himmel!«

Oma Maria: »Ich will gar nicht in den Himmel. Wat soll ich denn da? Ich will hierbleiben. Und ich hab Hunger.«

Papa: »Lassen wir doch einfach Pizza kommen.«

Anja: »In die Kirche?«

Oma Mia: »Wir sind hier in der *Kirche*?

Mama: »Ja, Mami, und wir müssen jetzt wieder gehen.«

Oma: »Und warum muss ich dann jetzt mit?«

Mama: »Weil du leider immer wieder vergisst, leise zu sein.«

Oma Mia: »Darf ich nicht reden in der Kirche?«

Und MammaMia verlassen zwar leider die Kirche, reservieren dafür aber schon mal Plätze in der Pizzeria.

JAHR: 2016 – ALTER: 106 JAHRE

Im Ablaufjahr der Garantie

Anja: »Und wie geht es dir heute, mit 106?«

Oma Maria: »Was soll ich sagen? Man kann nicht mehr so viel machen. Die Kraft in meinen Händen lässt nach, und so langsam merke ich, wie mir die Erinnerungen mehr und mehr einen Streich spielen. Ich fange an, Namen zu verwechseln.«

Anja: »Aber immerhin wurde dein Ausweis noch bis *2025* verlängert.«

Oma Mia: »Ja, witzig. Dann bin ich 116 Jahre alt. Die beim Amt haben sehr amüsiert geschaut.«

Wie jedes Jahr zu ihrem Geburtstag kamen die Bürgermeisterin und die lokale Zeitung zu Oma nach Hause. Der Bundespräsident schickte sogar eine persönlich unterschriebene Geburtstagskarte, in welcher er Oma noch viele glückliche »Tage« wünschte. Na ja, wir hoffen ja, es werden noch Jahre. Auch der Staat Bayern sendete ein kleines Geschenk. Diesmal war es eine Teetasse mit dem bayerischen Wappen und Tee. Es ist wohl immer noch ein Staatsgeheimnis, dass Oma lieber Kaffee trinkt.

Und als die von der Zeitung Oma fragen, was sie sich zum Geburtstag wünscht, antwortet Oma: »Ich würde gerne einmal bei einem Spiel des FC Bayern im Stadion zusehen!«

Den Wunsch hat die Reporterin in ihrem Artikel aufgegriffen. Prompt wollte ein Leser Omas Wunsch herzlich gern erfüllen, denn er hatte die Möglichkeit, VIP-Karten zu bekommen.

In den lokalen Nachrichten erscheint ein Zeitungsartikel, der das Treffen meiner Oma mit Manuel Neuer zum Thema hat. Die Überschrift lautet: »Bayern-Anhängerin: Erster Stadionbesuch mit 106 Jahren!«.

Es wurde betont, dass sie »zehn Jahre nach der Gründung des Vereins (1900) geboren« wurde und ein großer Fan des FC Bayerns ist. Das Bundesligaheimspiel gegen den SV Darmstadt 98 war tatsächlich das erste Fußballspiel, das Oma live im Stadion verfolgt hat und mit einem Sieg für Bayern endete.

Nach der Partie wartete auf meine Oma aber noch ein weiterer Höhepunkt. Sie traf Manuel Neuer, einen ihrer Lieblingsspieler, mit dem sie sogar ein Foto machen durfte.

Anja: »Und, Oma, wie war es für dich?«

Oma Maria: »Ach, Anja-Spätzchen, so schade, dass du nicht dabei sein konntest.«

Leider gab es nur Karten für zwei Personen, und in diesem besonderen Falle durfte natürlich Papa mit.

Oma Maria: »Es war so aufregend, aber auch sehr kalt. So spannend, dass man jetzt auf einmal so nah dabeisaß. Und der Herr Neuer ist ja ein fescher Mann. So groß ist der! Und er kommt auch aus Essen! Er hat sich dann richtig zu mir an den Tisch gesetzt und sich mit mir unterhalten. Am Ende habe ich sogar noch ein Autogramm von ihm auf meinen Schal bekommen. Das sind wirklich alle sehr nette Spieler. Also, diesmal hätte ich mir echt gewünscht, jünger zu sein!«

Anja: »Dann wäre es aber nicht passiert! Um so etwas erleben zu können, muss man anscheinend erst 106 werden.«

Oma Maria: »Da hast du auch wieder recht. Das war wirklich ein unvergessliches Erlebnis!«

Anja: »Ich habe dein Treffen mal auf meiner Facebook-Seite gepostet, weil ich das so witzig fand. Und die Allianz Arena hat darüber auch einen Artikel auf ihrer Seite gebracht. Du hast über 25000 Aufrufe bekommen!«

Oma Maria: »Wo drin?«

Anja: »Na, im Internet. Du weißt doch: Ich hab dir doch mal meine Facebook-Seite gezeigt.«

Oma Maria: »Ach, Anja-Spätzchen, das auf deinem Handy?«

Sie hat Handy gesagt!

Anja: »Ja, genau!«

Oma Maria: »Vielleicht bekomme ich doch bald mal mein eigenes Gerät!«

Anja: »Ich glaube, damit müssen wir jetzt doch nicht mehr anfangen, oder?«

Von wegen, ich hätte es mal tun sollen, dann hätte sie damit selber auf Facebook gehen können.

Entschuldigung, sind Sie Altenpflegerin?

Die drei Generationen fahren wieder an den Simssee und gehen zu Omas Lieblingsplatz. Nach einer Weile gehe ich los und hole Kaffee. Am Tresen stellt sich eine Dame neben mich, tippt mir auf die Schulter und sagt: »Entschuldigen Sie! Ich beobachte Sie schon ein Weile und wollte Sie mal was fragen.« Ich drehe mich um und schaue in das freundliche, runde Gesicht einer etwa 45-jährigen Frau.

»Mich? Ja, klar, gerne.«

Dame: »Ich überlege schon seit längerem, meinen Beruf zu wechseln. Ich habe Sie schon vorgestern hier am See gesehen. Da hatten sie aber zwei grauhaarige Damen dabei. Und gestern waren Sie auch schon hier. Das sieht wirklich toll aus, was Sie da so machen.«

Anja: »Was meinen Sie denn?«

Dame: »Ich würde auch gerne Altenpflegerin werden. Und wie gesagt: Bei Ihnen sieht das alles so nett aus!«

Anja: »Aaaah! Ooooh! Aber ich bin gar keine Altenpflegerin. Wobei ...? Also, na ja, die blonde Dame dort« – und ich zeige auf Oma Maria, die schon ganz neugierig zu uns rüberäugt – »... ist meine Oma, und der grauhaarige Herr daneben ist mein Vater. Und gestern, die mit den gaaaanz langen silbernen Haaren und dem Pony, das war meine Mutter mit meiner anderen Oma.«

Dame: »Ach, so ist das. Das tut mir leid. Entschuldigung.«

Anja: »Kein Problem, und im gewissen Sinne haben Sie sogar recht. Und warum wollen Sie Altenpflegerin werden?«

Dame: »Ich suche etwas, bei dem der Mensch im Vordergrund steht. Bei Ihnen dachte ich gerade, das sei der Fall. Schade.«

Zurück am Tisch, erzähle ich meinen beiden neugierigen Begleitern von meiner Begegnung.

Anja: »Irgendwas müssen wir jetzt ändern. Ich will doch nicht wie eine Altenpflegerin wirken!«

Papa: »Haha. Also gehöre ich jetzt auch schon ins Altersheim?«

Oma Maria *(zu Papa)*: »Du musst dir einfach die Haare blond färben!«

Oma Maria (zu mir): »Pflegerin, bitte noch ein Stück Kuchen! Mit Sahne! Und hast du keine Serviette für mich mitgebracht?«

Anja: »'tschuldigung – bin noch in der Lehre!«

Scheibenhonig

Ich hole Oma Mia eine Woche zu mir nach Hause. Wir fahren zu einer Bäckerei und kaufen noch schnell Brot. Ich parke mit dem Auto vor einer Graffiti-Wand.

Oma Mia: »Wat steht denn da?«

Anja: »Fuck you.«

Oma Mia: »Aha, und wat bedeutet dat?«

Anja: »Fick dich!«

Oma Mia, ganz enttäuscht: »Ach so.«

Anja: »Haha! Wieso? Was dachtest du denn, was es bedeutet?«

Oma Mia: »Ja, so was ähnliches wie *Scheibenkleister* vielleicht!«

Anja: »Das heißt auf Englisch *fuddle duddle.*«

Oma Mia: »Fadel was?«

Anja: »Egal.«

Oma Mia: »Aber is' schön gemalt!«

Wer wohnt wo?

Für Oma Mias Kurzurlaub bei mir zu Hause haben wir unser Wohnzimmer komplett umgeräumt, so dass jetzt ein 1 Meter 40 Bett reinpasst und Oma Mia ebenerdig den Weg zur Toilette findet. Ich liege nun schon den dritten Abend auf der Couch bei ihr unten und leide sehr an Schlafmangel, da Oma sich leider gar nicht zurechtfindet und nicht schlafen kann. Nebenher muss ich noch ein bisschen arbeiten, was schwerfällt, weil Oma ständig fragt, was ich mache. Warum ich das mache. Wie viel ich verdiene. Wer meine Auftraggeber sind et cetera. Eine Journalistin ist nix dagegen.

Oma Mia: »Wo bin ich hier?«

Anja: »Bei mir und Nick zu Hause.«

Oma Mia: »Und wer ist das?« Nick kommt gerade ins Wohnzimmer.

Anja: »Das ist Nick. Mein Freund.«

Oma Mia: »Wohnt der bei dir?«

Anja: »Nein, ich bin zu ihm gezogen.«

Oma Mia: »Und wo sind wir hier?«

Anja: »Bei Nick und mir zu Hause.«

Oma Mia: »Wer ist Nick?«

Anja: »Mein Freund.«

Oma Mia: »Seid ihr verheiratet?«

Anja: »Nein.«

Oma Mia: »Verlobt?«

Anja: »Nein.«

Oma Mia: »Aha! Und ihr wohnt zusammen? Wie geht denn das?«

Anja: »Das macht man heute so.«

Oma Mia: »Dat geht doch nich.«

Anja: »Doch. Siehst du doch.«

Oma Mia: »Und wann wollt ihr heiraten?«

Anja: »Ähhm, wir gehen jetzt schlafen, Oma.«

Oma Mia: »Dann muss ich jetzt wohl fahren.«

Anja: »Nein, du schläfst doch auch hier.«

Oma Mia: »Will der junge Mann denn nicht erst heimgehen?«

Anja: »Der wohnt doch hier.«
Oma Mia: »Der wohnt hier?«
Anja: »Ja, der schläft oben.«
Oma Mia: »Und ich?«
Anja: »Ich schlafe hier unten auf der Couch bei dir.«
Oma Mia: »Dann is' ja gut.«

Kleider machen Leute

Heute kommt Oma Maria Oma Mia besuchen, da ich dachte, ihr könne ein wenig Unterhaltung nicht schaden und ich hätte ein wenig Zeit zum Arbeiten. Pustekuchen. Die Freude ist zwar groß, als sich beide wiedertreffen, aber trotzdem lassen sie mich keine Sekunde lang aus den Augen.

Also setzen wir uns alle zusammen in den Garten, machen Rätsel und lesen Zeitschriften. Unter der Rubrik ›Die wahren Experten‹ werden Fragen an ein Kind unter zehn und eine Oma über 100 gestellt.

Anja: »Mädels, aufgepasst, das ist was für euch! Hier lautet eine Frage: ›Ich habe eine Freundin, die immer alles nachmacht. Seit kurzem ist sie im selben Sportstudio wie ich, oft kauft sie sogar genau die Kleider, die ich auch habe. Soll ich sie darauf ansprechen?‹ Was sagt ihr dazu?«

Oma Maria: »Ich würde sie fragen: Wie würdest du dich fühlen, wenn *ich* dir alles nachmachen würde? Wahrscheinlich würde sie antworten: Das ist mir doch egal. Dann würde ich ihr erklären, dass die Einmaligkeit daran verlorenginge.«

Anja: »Und würdest du deiner Freundin mal was nachkaufen?«

Oma Maria: »Nee, das wäre mir zu dumm. Ich habe doch einen eigenen Geschmack.«

Anja: »Und du, Oma Mia?«

Oma Mia: »Dat muss man ansprechen. Die kann doch nicht datselbe Kleid kaufen. Dat macht man nicht! Ich würde dat auch nicht machen!«

Oma Maria: »Und was würdest du in so einem Fall sagen, Spätzchen?«

Anja: »Ich darf nicht mitmachen. Noch bin ich nicht über 100.«

Oma Maria: »Ich merke gerade, ich habe vergessen, meinen BH anzuziehen!«

Anja: »Ab 100 braucht man den nicht mehr!«

Oma Maria: »Dann mach ich meinen Verstand an.«

Anja: »Ach, nach dem Motto: besser intelligent als sexy?«

Oma Maria: »Das wird sich noch rausstellen.«

Toilette to go

Inzwischen sind wir wieder bei Oma Mias »Warum schlafe ich hier?«-Frage angekommen.

Anja: »Weil du bei mir Urlaub machst.«

Oma Mia: »Seit wann?«

Anja: »Schon seit einer Woche.«

Oma Mia: »Ich bin hier schon seit einer Woche? Meine Güte, bin ich doof. Ich weiß das gar nicht.«

Anja: »Ist auch nicht gut, wenn man alles weiß.«

Drei Stunden später wacht sie wieder auf.

Oma Mia: »Ich muss mal zur Toilette.«

Anja: »Ist gut. Ich helfe dir.«

Oma Mia: »Wo sind denn meine Beine?«

Anja: »Wie?«

Oma Mia: »Ja, ich weiß nicht … Muss ich nicht mit den Beinen aufstehen?«

Anja: »Ja, schon. Schau, hier sind sie.«

Oma Mia: »Und klebt der Boden so?«

Anja: »Nein, warum?«

Oma Mia: »Weil ich meine Füße nicht vom Fleck bekomme.«

Anja: »Haha. Oh! Oh! Oma, denk nicht *darüber* nach. Denk einfach daran, wohin du wolltest!«

Oma Mia: »Wohin wollte ich denn?«

Anja: »Zur Toilette.«

Oma Mia: »Die hab ich doch immer dabei!«

Anja: »Lustig, Omma, aber es ist schon besser, wenn du nicht die Toilette to go nimmst!«

Oma Mia: »Dann zeig mir mal, wo die andere ist.«

Anja: »Da vorne.«

Und sie tippelt mit dem Rollator alleine los. Gott sei Dank.

Männer

Oma und ich stehen nebeneinander vor dem Spiegel. Oma betrachtet mich, dann wieder ihre Falten und sagt: »Es hat schon alles seine Richtigkeit, warum im Alter die Sehkraft nachlässt!«

Anja: »Haha. Kannst du mich denn noch scharf sehen?«

Oma Maria: »Alles normal. Es fällt mir vielleicht nicht mehr alles so auf. Wie praktisch für die Männer meiner Zielgruppe.«

Anja: »Na, ich hoffe, du stehst noch auf jüngere, sonst wird es schwierig!«

Spieglein, Spieglein an der Wand

Da ich dringend einen Friseurtermin brauche und in München auf die Schnelle keinen mehr bekomme, rufe ich Oma an.

Anja: »Oma, ihr geht doch morgen zum Friseur. Meinst du, sie hat für mich auch noch einen Termin frei?«

Oma Maria: »Das ist ja toll. Da freut sich meine Friseuse ganz sicher. Aber warum gehst du nicht zu deinem in München?«

Anja: »Ich bekomme so schnell keinen Termin mehr, und ich finde, sie schneidet dir und Papa die Haare immer so gut. Das will ich auch.«

Papa, aus dem Hintergrund: »Da gibt es dann sicherlich Rabatt, wenn sich drei Generationen die Haare schneiden lassen.«

Oma Maria: »Uiiihh, machst du dir endlich einen Bubikopf?«

Anja: »Nein, Oma, die Haare bleiben schon lang.«

Oma Maria: »Aber kurz würde dir sehr viel besser stehen!«

Anja: »Oma, das hatte ich schon. Ich sehe dann aus wie ein Bub. Und du willst doch nicht deine einzige Enkel*tochter* verlieren, oder?«

Gesagt, getan, und schon sitzen wir zu dritt im Auto auf dem Weg zum Friseur. Ich weiß, dass der Salon etwas außerhalb von Rosenheim im Chiemgau liegt. Mehr aber auch nicht. Die beiden Rentner verbinden dann immer das Angenehme mit dem Nützlichen. Rausfahren, Kaffeetrinken gehen und noch schöner zurückkommen.

Anja: »Warum halten wir hier?«

Oma Maria: »Wir sind da!«

Anja: »Das ist ein Altenheim. Wollt ihr mir damit was sagen?«

Papa: »Wieso? Du wolltest doch mitkommen.«

Anja: »Ihr wollt hier also nicht einziehen?«

Papa: »Nee, wir gehen hier zum Friseur.«

Anja: »Hier?«

Oma Maria: »Ja, klar. Aber länger bleiben als nötig möchte ich hier auch nicht.«

Papa: »Mutter, zeig Anja doch schon mal den Weg. Ich suche noch einen Parkplatz!«

Oma schnappt sich meine Hand, und wir tippeln los zum Eingang der Seniorenresidenz. Wir stehen in einem schönen, großen Empfangsraum mit kleinem Stationscafé. »Familiensingen immer dienstags nachmittags!« steht auf einer Tafel, und an den Tischen sitzen viele ältere Herrschaften. Die Dame am Empfang begrüßt Oma freundlich.

Anja: »Ihr kennt euch? Aha, ihr bereitet euch also doch schon auf einen möglichen Einzug vor?«

Oma Maria: »Beim Singen haben wir mal zugehört, als wir beim Friseur fertig waren. Das war nett, aber ich hör doch lieber Vicky Leandros.«

Anja: »Ihr nehmt mich doch auf den Arm. Ich sehe hier keinen Friseur.«

Oma Maria: »Der ist auch unten im Keller. Wir nehmen den Aufzug.«

Tatsächlich. Unten auf der linken Seite des Ganges ist ein Friseurladen zu sehen. Klein, aber fein. Die Friseurin begrüßt mich sehr herzlich. Sie habe ja schon so viel von mir gehört und findet es toll, mich mal persönlich kennenzulernen. Ich bin noch ganz baff. Inzwischen hat uns auch Papa eingeholt.

Anja: »Wer kommt als Erstes an die Reihe?«

Papa: »Alter vor Schönheit. Mutter, du fängst an!«

Oma Maria: »Hihi! Na, warte nur, wenn ich fertig bin …«

Anja: »Papa, ich dachte, ihr nehmt mich auf den Arm. Ich kann es noch gar nicht glauben. Eine 106-Jährige geht allen Ernstes nur zum *Aufbrezeln* in ein Altersheim, und danach verkrümelt sie sich wieder schön nach Hause. Darf ich hier überhaupt schon rein? Bin ich nicht viel zu jung?«

Papa: »Mit grauen Haaren kennt sie sich bestens aus.«

Anja: »Papa! Also, die paar Strähnchen! Und wie seid ihr auf die Idee gekommen, hierher zu gehen?«

Papa: »Als Mutter damals ihren Oberschenkelhalsbruch hatte, brauchten wir eine Friseurin, die ins Haus kommt. Sie wohnt ja bei uns in der Nachbarschaft, hat aber im Altersheim ihren Salon.«

Ich traue es mich kaum zu sagen, aber sie schneidet tatsächlich so gut, dass sie von jetzt an auch meine Friseurin ist. Wir kommen natürlich immer nur zu dritt angefahren und lassen keinen zurück.

Zeigt her eure Füße …

Regelmäßig fährt Papa Oma zur Fußpflege. Es ist seit 30 Jahren der gleiche Laden. Jetzt hat die Inhaberin aber wegen Urlaubs geschlossen. Oma will trotzdem unbedingt ihre Nägel gemacht bekommen. Also helfe ich aus – mit Knallpink!

Oma Maria: »Findest du, dass grelles Pink passend in meinem Alter ist?«

Anja: »In deinem Alter. Was heißt denn das genau?«

Oma Maria: »Ich weiß nicht, ob das gut an älteren Füßen aussieht.«

Anja: »Gefällt es *dir* denn?«

Oma Maria: »Ja, sehr, aber ... Jooooooooochen! Komm doch mal bitte!«

Papa: »Zur Stelle!«

Anja: »Sag jetzt nichts Falsches, sonst muss ich die Nagelfarbe wieder abmachen!«

Papa: »Find ich gut, solange ich das nicht tragen muss.«

Oma Maria: »Dann kann der Sommer ja kommen.«

Die Cremeprobe

Oma und ich sitzen am Küchentisch und blättern durch die Zeitschriften. Jeder für sich stöbert ein wenig durch die Artikel, und wenn es etwas Interessantes zu lesen gibt, wird es dem andern natürlich sofort vorgelesen.

Oma Maria: »Oh! Eine Parfümprobe!«

Ich schaue auf und schmunzle.

Oma Maria: »Kommt nicht viel raus, wenn man den Schnuffel dran hält.«

Anja: »Haha! Kein Wunder, ist ja auch ein Cremepröbchen!«

Oma Maria: »Oh!«

Oma versucht, die Probe aufzureißen.

Oma Maria: »Kuckuck! Passiert nix!«

Anja: »Zeig mal her. Ich helf dir.«

Oma Maria: »Warte, wofür ist die denn?«

Anja: »Sie mildert die Umwelteinflüsse.«

Oma Maria: »Kein Schutz vor den anderen?«

Anja: »Den anderen *Menschen*? Haha. Nein, nur vor der Umwelt!«

Oma Maria: »Aber die tut uns doch nix.«

Anja: »Aber die Einflüsse!«

Oma Maria: »Oh ja, vor den falschen Einflüssen muss man sich schützen. Und das schafft die Creme?«

Anja: »Nee, denn du bekommst sie ja nicht auf!«

Also überreicht mir Oma das kleine Pröbchen und schaut mir gespannt zu, wie ich es öffne. Der Inhalt des Pröbchens ist sehr flüssig, und ich verteile ihn schnell auf unsere Hände.

Anja: »Und? Merkst du schon was?«

Oma Maria: »Nee! Du?«

Anja: »Wir müssten uns wahrscheinlich einen schlechten Einfluss suchen.«

Oma Maria: »Du bist auf alle Fälle ein guter Einfluss.«

Anja: »Ha! Oder die Creme wirkt schon.«

Wir blättern weiter, und jetzt entdeckt Oma wirklich eine Duftprobe. Sie hält wieder ihr Näschen hin, überliest aber den Folienaufdruck *»Bitte hier abziehen!«* und schnuppert unbeirrt weiter.

Oma Maria: »Riecht man nix.«

Anja: »Oma, Folie abziehen!«

Oma Maria: »Das muss einem ja gesagt werden.«

Anja: »Steht da.«

Oma Maria: »Ah, jetzt geht es leicht …«

Anja: »Und?«

Oma Maria: »Riecht sehr opulent. Also, wer das trägt, wird sicher von allen in Ruhe gelassen.«

Auf nach Malle!

Das mit den heimischen Seen ist ganz wunderbar, aber die Luft im Süden ist anders, und das weiß Oma auch. Und das Schweinchen in ihrem Herzen findet das anscheinend auch gut. »Ich will noch einmal ans Meer!«, hören wir Oma in immer kürzeren Abständen sagen. Und natürlich wollen wir ihren Wunsch erfüllen. Am einfachsten ist das wohl mit Mallorca zu verbinden. Das heißt aber auch, wieder fliegen und sich darüber Gedanken machen, was passiert, wenn ihr letzter Wunsch erfüllt wird. Man sagt ja, Menschen sterben dann besonders schnell, wenn sie ihren sehnlichsten Wunsch erfüllt bekommen. Papa und ich sind uns nach einer kurzen Diskussion einig, dass das ganz sicher nicht Omas letzter Wille sein wird. So sehr sie Spanien liebt, »für immer« will sie dort sicherlich nicht bleiben.

Anja: »Oma, ist eine Woche Urlaub okay für dich?«

Oma Maria: »Das ist super, mehr brauche ich nicht.«

Anja: »Sicher?«

Oma Maria: »Ja, klar, ich will ja nur noch einmal das Meer sehen.«

Dann hat Oma aber noch etwas in petto für mich. Ich komme ins Wohnzimmer, und sie sitzt wie immer freudestrahlend auf ihrem Sessel und kann es kaum erwarten, mich zu begrüßen. Irgendwas ist anders, das merke ich gleich. Ja, der Teppich ist weg, ich sage nichts, ahne aber schon etwas. Ich drücke sie herzlich, und dann wird auch schon mein Verdacht bestätigt.

»Au, au, au, nicht so dolle, Spätzchen!«, fiepst Oma.

Anja: »Du bist hingefallen, stimmt's?«

Papa: »Nur in den Urlaub zu fliegen ist für Mutter nicht aufregend und herausfordernd genug. Sie musste sich noch die Rippen anknacksen!«

Anja: »Waaaas? Warum sagt ihr denn nichts?«

Oma Maria: »Weil ich dachte, du schimpfst mich. Und ich wollte nicht, dass das unseren gemeinsamen Urlaub gefährdet.«

Anja: »Bist du wieder zu hastig gelaufen – ohne Stock und Rollator?«

Papa: »Genau! Dann ist sie wahrscheinlich über den Teppich gestolpert, hingefallen und hat sich schön der Länge nach ausgerollt.«

Oma sagt nix und grinst mich nur ganz schelmisch an. Daraufhin muss ich auch grinsen. »Oma! Du bekommst jetzt einen Zettel auf deine Hose geklebt, auf dem steht: *Bin schnell im Denken, darf aber nur halb so schnell laufen!*«

Oma Maria: »Fahren wir trotzdem?«

Anja: »Was sagt denn der Arzt?«

Papa: »Wenn Oma will, kein Problem. Eine Tablette am Tag gegen ihre Schmerzen, und sie sollte sich weiterhin ruhig verhalten.«

Anja: »Haha. Ist ja genau dein Ding, ne!«
Oma Maria: »Deins ja auch nicht.«

Los geht's! Oma, Papa, Nick und ich dürfen je acht Kilogramm Handgepäck mitnehmen. Bewundernswerterweise muss man erwähnen, dass das Papa und Oma zusammen mit nur einem Koffer geschafft haben. Wie das geht, ist mir auch nach genauester Inspizierung des Koffers noch nicht klar. Beide haben von allem jeweils das Doppelte dabei: Hosen, Blusen, Hemden, sogar Omas Notfall-Windeln haben darin Platz. Da sieht man mal wieder, was man von den älteren Herrschaften lernen kann. Weniger ist *Meer*. Wobei Oma inzwischen auch gerne immer wieder dasselbe anzieht. Am liebsten einen von ihren unzähligen grauen Pullis in Kombination mit einer karierten Hose.
Oma Maria: »Ganz wichtig, der Pulli muss aus Wolle sein. Das tragen die Beduinen in der Sahara auch!«
Anja: »Ich weiß. Das ist leicht, angenehm und schützt die Nieren!«
Oma Maria: »Die werden schon wissen, was richtig ist. Bei der Wärme ...«
Anja: »Na ja, so heiß ist es jetzt auch nicht auf der Insel. Wichtiger ist noch deine Sonnenbrille!«

Wir haben kein Hotel gebucht, sondern ein Freund von Papa hat uns sein Apartment in Calles de Mallorca zur Verfügung gestellt. Barrierefrei bis auf eine Treppe zum Eingang. Das schafft Oma auch mit der angeknacksten Rippe.

Oma Maria: »Dann mal los zum Friedhof!«

Papa: »Wir wollten eigentlich noch nicht das Zeitliche segnen.«

Anja: »Das war hoffentlich kein Freud'scher.«

Oma Maria: »Haha, zum *Flughafen*, meinte ich.«

Am Flughafen angekommen frage ich am Schalter, ob es möglich ist, mit unserem Rollstuhl direkt bis zum Flieger zu fahren. Das Bodenpersonal ist ganz entzückt von Oma und ihrem Alter: »Nein, noch viel besser: Sie bekommen einen eigenen Bus, der Sie direkt bis zum Flieger fährt.« Auch dort herrscht großes Erstaunen bei den Stewardessen, die kaum glauben können, dass 106 Jahre alte Beine noch die Treppe in den Flieger erklimmen können. Die Tablette wirkt! Wir setzen uns auf unsere zugewiesenen Plätze, sind gut drauf, schnallen uns an – und Oma schaut sich begeistert um.

Oma Maria: »Kommt denn hier kein Schaffner?«

Anja: »Dein Ernst?«

Oma Maria: »Wir haben doch gar kein Ticket vorgezeigt.«

Anja: »Wir sind in einem Flugzeug. Da kommst du nur rein, wenn du *vorher* dein Ticket gezeigt hast. Aber ich kann dich beruhigen: Ich habe das schon für dich erledigt.«

Oma Maria: »Ach, Gott, Anja-Schätzchen, jetzt merk ich schon nicht mehr, wenn mein Geist mir Streiche spielt.«

Anja: »Solange du jetzt nicht mit mir in den Speisewagen gehen willst, ist noch alles im grünen Bereich.«

Auf Mallorca angekommen leihen wir uns am Flughafen einen Mietwagen. Oma sitzt vorne rechts, aber die Sonne steht ungünstig und trifft sie direkt. Jeden Wärmestrahl empfindet sie inzwischen als Folter.

Oma Maria: »Die Sonne zerfetzt mir meine Haut.«

Anja: »Noch spritzt kein Blut!«

Oma Maria: »Wir werden sehen!«

Im Apartment merken wir dann doch, dass die ganze Aufregung und die vielen Eindrücke ihr zu schaffen machen. Ratzfatz ausgepackt koche ich schnell Pasta für alle, und schon schläft Oma zufrieden ein. Nicht ohne nachts aufzuwachen, um die Toilette aufzusuchen. Mit Papa an der Hand. Dreimal.

Am nächsten Morgen gibt es ein tolles Frühstück auf der Terrasse.

Oma Maria: »Bekomme ich denn keinen Welcome-Drink?«

Anja: »Möchtest du jetzt schon einen Drink? Reicht dir denn nicht der Kaffee?«

Oma Maria: »Normalerweise begrüßen die einen im Hotel mit einem Sekt und erklären dabei, was es hier alles zu sehen gibt.«

Anja: »Aber wir sind in keinem Hotel! Wir sind in einer Privatwohnung.«

Oma Maria: »Und wer hat das schöne Frühstück gemacht?«

Anja: »Nick.«

Nick: »Ich kann dir auch gerne erklären, was wir heute alles machen werden.«

Oma Maria: »Na, so was …«

Anja: »Und ich kann dir einen Prosecco aufmachen, wenn du möchtest.«

Oma Maria: »Nein, alles gut. Aber dass wir privat untergebracht sind, hat mir keiner gesagt.«

Wir schauen uns gegenseitig an und ahnen schon: Den Satz werden wir ab jetzt öfter zu hören bekommen.

Zum Baden ist es im Mai noch zu kalt, deswegen starten wir mit einem kleinen Ausflug. Alle sind gut mit Sonnencreme eingedeckt, und unser Ziel ist ein hübsches Café an der Küste von Cala Murada. Gleich um die Ecke, damit Oma danach ihren Mittagsschlaf halten kann – dachten wir.

Anja: »Bis hierhin hätten wir auch laufen können!«

Papa: »Wir wollen es ja langsam angehen. Mutter, möchtest du auch Champignons mit Öl?«

Oma Maria: »Nein, vielen Dank, ich habe keinen Hunger!« Sie starrt dann aber erbarmungslos so lange auf Papas Champignons, bis er sie mehr oder weniger freiwillig an Oma abgibt. Danach will sie weiterfahren und keinen Mittagsschlaf halten.

Anja: »Wie? Keinen Mittagsschlaf für dich?«

Oma Maria: »Also, wenn ich schon mal hier bin, will ich auch was sehen.«

Papa: »Mutter, wir dachten eigentlich, wir könnten uns hier ein bisschen entspannen. Ist ja auch *unser* Urlaub, und die letzte Nacht war nicht so lang.«

Nein, das sieht Oma anders. Sie will weiter.

Und um es gleich vorweg zu sagen: Sie will und braucht den Mittagsschlaf an keinem Tag dieses Urlaubs. Von morgens bis teilweise sehr spät abends genießt sie die Geselligkeit, das abwechslungsreiche Tagesprogramm, das gute Essen und die hervorragende Luft. Sie ist wie dauerbeschwipst und voller Adrenalin. Kurzum, glücklich. Wir sind alle erstaunt, wie sie aufblüht. Wie eine verspätete Mandelblüte auf Mallorca, die sonst nur von Januar bis März zu bewundern ist.

Der nächste Tag ist etwas kühler, und wir fahren nach Santanyí. Oma hat ihre Sonnenbrille kaputtgemacht – deswegen gibt es eine neue. Eine schöne 1-a-Fälschung aus China, die ihr regelmäßig die Nase gelb färbt. Aber um schädliche Farbstoffe braucht sich Oma in ihrem Alter keine Gedanken mehr zu machen. Und der köstliche café con leche lässt sie alle Sorgen vergessen, vor allem, dass sie ihre Sonnenbrille selber zerbrochen hat.

Oma Maria: »Ich würde jetzt gerne direkt ans Meer gehen.«

Anja: »Schaffst du es denn, auch über den Sandstrand zu laufen? Mit dem Rollstuhl wird das nämlich schwer.«

Oma Maria: »Und wenn es das Letzte ist, was ich mache!«

Papa: »Solange du nicht weitergehst und übers Wasser läufst …«

Weiter geht's. Wir fahren an den Strand von Santanyí. Wie immer beschreibt sie aufmerksam, was rechts und links am Wegesrand passiert. Somit bekommt man auch als Fahrer mehr von der Umgebung mit, als man mit bloßem Auge erfassen kann.

Oma Maria: »Ach, die Palme ist ja schön. Aber, nein, guck mal, hier ist es ja verloddert. Da möchte ich nicht wohnen.«

Anja: »Das ist auch ein Schrottplatz.«

Oma Maria: »Ach so. Hihi. Das muss einem ja gesagt werden.«

Und da stehen wir vor Omas sehnlichstem Wunsch: am Strand von Santanyí, mit den Turnschuhen fast im Wasser, und blicken alle zusammen aufs Meer. Oma hat eine Gänsehaut.

Oma Maria: »Unglaublich, dass ich das noch mal geschafft habe.«

Anja: »Du hast es dir doch gewünscht.«

Oma Maria: »Deswegen möchte ich euch allen dreien von Herzen danken, dass ihr mir das ermöglicht habt. Ich weiß, dass es nicht immer so leicht mit mir ist. Aber mit euch zusammen ist es noch viel schöner.«

Papa: »So, Mutter, jetzt aber nicht tot umfallen!«

Oma Maria: »Auf keinen Fall. Es gibt hier doch auch noch andere Strände, oder?«

Wir bleiben aber am gleichen Strand und genießen den Nachmittag mit frisch gepresstem Saft und leckerem Erdbeereis. Jeder hält abwechselnd seine Füße ins Wasser, und dann überlegen wir, wo man zu dieser Jahreszeit noch gut hätte hinfahren können.

Oma Maria: »Was hättet ihr denn gemacht, wenn

ich nicht den Wunsch geäußert hätte, ans Meer zu wollen?«

Anja: »Dann hätte ich den Wunsch geäußert.«

Oma Maria: »Hihi, das ist aber fein.«

Papa: »Das heißt aber nicht, Mutter, dass sie dich dann auch mitgenommen hätte.«

Anja: »Haha! Also, Papa!!!«

Oma Maria: »Du hättest mich schon mitgenommen, oder?«

Anja: »Weiß nicht. Du hast ja immer deinen Sohn im Schlepptau.«

Abends sitzen wir gemütlich im Wohnzimmer und schauen eine Dokumentation über die Opernsängerin Maria Callas im Fernsehen an.

Anja: »Schau mal, Oma, die Callas trägt die gleiche Halskette wie du.«

Oma Maria: »Wo ist eigentlich mein Schmuck? Den hatte ich heute gar nicht um.«

Papa: »Den habe ich nach draußen gelegt, damit die Einbrecher ihn hier drinnen nicht finden.«

Oma Maria: »Hihi. Scherzkeks! Hab ich vergessen, ihn anzulegen?«

Anja: »Richtig. Morgen kannst du ihn wieder *ausführen.*«

Oma Maria: »So alleine sterben wie die Callas möchte ich nicht. Wie kann man denn so ein erfülltes Leben haben, und am Ende ist man ganz allein?«

Anja: »Vielleicht sind das die Schattenseiten des Ruhms.«

Oma Maria: »Ihr seid schon da, wenn ich bald sterben sollte, oder?«

Anja: »Bald? Das ist bei dir aber ein dehnbarer Begriff.«

Papa: »Klar! Ich pass dann auch auf, dass keiner an deine Juwelen geht.«

Wir besuchen Freunde in der Nähe von Palma. Sie haben Hunde, Katzen, Enten, Schildkröten und einen tollen Außen-Pool, den wir leider nicht weiter beachten können. Es ist zu frisch zum Schwimmen. Sehr beachtet wurde Oma aber von einer der Katzen, die es sich zur Aufgabe machte, nicht mehr von Omas Schoß zu weichen.

Oma Maria: »So viele Tiere hätte ich früher auch gerne gehabt.«

Anja: »Na, immerhin hattet ihr doch einen Hund.«

Oma Maria: »Wenn ich nicht so viel gereist wäre, hätte ich sicherlich ein liebes Tierchen zu mir genommen.«

Anja: »Jetzt hast du ja Papa.«

Oma Maria: »Der folgt auch ganz gut.«

Ein Lokal ihrer Wahl

Wir machen eine Rundfahrt durch die Hauptstadt Palma, und fürs Abendessen möchte Oma unbedingt in ein Fischlokal, das am Hafen gelegen ist. Nachdem Oma über zehn Minuten überlegt, welchen Fisch sie denn nun nehmen möchte, kommt der Kellner das zweite Mal, um die Bestellung aufzunehmen. Und endlich hat auch Oma ihre Entscheidung getroffen: »Einmal Kinderschnitzel mit Pommes, bitte!«

Cap Formentor

Mein Highlight der Woche: Der große Ausflug nach Cap Formentor, zum Leuchtturm. Dieser liegt am nördlichsten Ende der Insel. Die Strecke bin ich mit Oma schon mal vor fast zehn Jahren mit dem Auto gefahren. Beim letzten Mal dachte ich mir noch: »Wahnsinn! Wie viele 97-Jährige gibt es eigentlich, die noch so entspannt nach Mallorca fliegen können?«

Ja, beim Fliegen ist Oma entspannt, bei kurvigen Bergstrecken eher weniger. Damals musste ich leider auf halber Strecke umkehren, weil Oma so Angst vor den steilen Klippen hatte. Das ist auch wirklich nichts für labile Beifahrer.

Oma Maria: »Anja-Spätzchen, ich möchte nicht bis zum Leuchtturm fahren. Das ist mir irgendwie zu gefährlich!«

Anja: »Aber, Oma, hier umzudrehen ist noch viel gefährlicher! Es gibt keine Ausweichmöglichkeiten. Die letzte Wendemöglichkeit haben wir vor drei Kilometern passiert. Besser, wir fahren einfach bis zum Ende durch.«

Oma Maria: »Nein, das schaffen wir nicht.«

Anja: »Oma, hier sind doch rechts und links Klippen. Das geht nicht. Mach einfach die Augen zu.«

Oma Maria: »Wehe, du fährst weiter!«

Anja: »Oma, jetzt vertrau mir doch mal!«

Oma Maria: »Spätzchen, deine Fahrkünste in allen Ehren, aber du weißt doch nicht, wie die Autofahrer fahren, die einem entgegenkommen!«

Anja: »Die wollen sicherlich auch länger leben!«

Keine Chance, jetzt wurde sie sauer.

Oma Maria: »Also, *ich* bin die Ältere!«

Anja: »Aber *ich* habe den Führerschein! – Also gut. Irgendwie schaff ich das schon.«

Da stand mir dann doch der Schweiß auf der Stirn. Nach dreimal Wenden war es mir zum Glück gelungen umzudrehen. Ich konnte Oma ja verstehen. Sie hatte das Ende der Insel wahrscheinlich als das Ende ihres Lebens angesehen.

Heute reißt sie sich zusammen, und wir versuchen, sie während der kurvigen Fahrt so gut es geht abzulenken. Und es hat sich gelohnt. Es ist wirklich traumhaft schön, dieser Ausblick auf die Felsen, das Licht und die Weite.

Anja: »Willst du nicht lieber im Auto bleiben? Es ist ganz schön windig, und es gibt auch keinen Aufzug zum Leuchtturm hoch!«

Oma Maria: »Ach, davon lass ich mich doch nicht beeindrucken!«

Und tatsächlich erklimmt sie tapfer die letzten Stufen bis zum Leuchtturm.

Anja: »Papa! Sind das sicher nur Schmerztabletten, die Oma bekommt? Oder ist da nicht doch noch was anderes drin?«

Mit viel Wind im Haar und genug Sauerstoff im Blut geht es glücklich einmal quer über die Insel zum Abendessen nach Porto Colom, einem kleinen Fischerdörfchen, sehr idyllisch in einer Bucht gelegen. Die Strandbude ist der Geheimtipp eines Inselfreundes. Oma gönnt sich ein großes Glas Wein und Pommes mit viel Knoblauch-Mayo.

Anja: »Weißt du noch, dass du damals mit mir die Strecke nicht fahren wolltest?«

Oma Maria: »Ach, das war der Leuchtturm? Nein, das habe ich ganz vergessen!«

Anja: »Und ich hätte nie gedacht, dass wir einmal zusammen da oben an dem Leuchtturm stehen würden.«

Oma Maria: »Darauf erhebe ich mein Glas.«

Anja: »Auf deinen Mut, Oma!«

Letzter Sonnenuntergang mit Burger und Bier

Oma Maria: »Also, reinbeißen kann ich da nicht!«

Anja: »Darfst zum Abschied auch mal wieder Messer und Gabel verwenden!«

Oma Maria: »Der Urlaub ist schon wieder vorbei? Können wir denn nicht verlängern?«

Anja: »Nein, aber noch mal herkommen.«
Papa: »Wieder Spanien. Wirklich?«
Anja: »Also, ich fände ja Sri Lanka ganz toll.
Oma Maria: »Da will ich auch mit!«
Papa: »Und wer fragt mich?«
Oma Maria: »Du darfst auch mit.«
Nick: »Und ich?«
Oma Maria: »Wir mieten einen Bus!«

Rückflug

Auf dem Rückflug fragen die anderen Passagiere wieder, ob es etwas gibt, worunter sie zu leiden hätte, weil ich Oma im Rollstuhl bis ans Gate fahre.

»Nichts!«, entgegne ich dann. »Nur ihr etwas höheres Alter!«

Oma Maria: »Stimmt nicht! Ich habe eine angeknackste Rippe!«

Anja: »Ach, jetzt auf einmal wieder, Oma? Die ganze Woche hat sie aber kaum was von sich hören lassen!«

Oma Maria: »Die will halt auch nicht wieder heim!«

Diesmal bekommt Oma sogar ein Upgrade, weil sie im Flieger auf dem Weg zur Toilette fast über ihre Schnürsenkel gefallen wäre. Das hat die nette Stewardess gesehen und ihr sofort einen Platz in der ersten Klasse angeboten, da von dort aus der Weg zur Toilette nicht so weit ist. Natürlich nur zusammen mit Papa.

Also, ich sehe nur Vorzüge im Alter …

Jeden Tag ist Sonntag

Anja: »Komm, Oma, wir fahren an den Schliersee.«

Oma Maria: »Ist heute Sonntag? Schööön. Machen wir einen Sonntagsausflug?«

Anja: »Nein, heute ist Donnerstag! Geht das dann auch?«

Oma Maria: »Ach, für mich ist irgendwie immer Sonntag. Mach das doch auch so.«

Anja: »Nee, Oma, so einfach ist das nicht. Du darfst die Tage vielleicht vergessen, aber ich noch nicht.«

Oma Maria: »Wofür braucht man überhaupt unterschiedliche Tagesbezeichnungen?«

Anja: »Weil sonst jeder Tag ein Sonntag wär.«

Oma Maria: »Fein. So ist das doch bei mir – lebt sich gut damit.«

Anja: »Du bekommst ja auch Rente!«

Oma Maria: »Ach, die, die kommt immer montags. Die Behörde arbeitet doch nicht an einem Sonntag.«

Kaffee-Wetter

Oma Maria: »Das ist aber kein schönes Sonntagswetter.«

Anja: »Wie gut, dass heute Dienstag ist!«

Oma Maria: »Schade. Dann fahren wir nicht Kaffeetrinken?«

Letzte Freunde

Oma und ich besuchen ihre alte See-Sauna-Nachbarin, die uns hocherfreut willkommen heißt. Ich habe sie seit 18 Jahren nicht mehr gesehen, Oma »nur« fünf.

Nachbarin: »Ach, Frau Fritzsche, dass Sie mich noch mal besuchen kommen, das ist solch eine Freude. Wie geht es Ihnen?«

Oma Maria: »Ja, ich kann nicht klagen. Wir waren gerade alle zusammen auf Mallorca.«

Nachbarin: »Ich bin mit meinen 79 leider nicht mehr so fit wie Sie. Mir schmerzen die Gelenke schon sehr, und das viele Alleinewohnen ist auch nicht mehr so schön.«

Oma Maria: »Ja, gute Gesellschaft ist auch für mich wichtig.«

Nachbarin: »Aber woher nehmen Sie die nur?«

Oma Maria: »Ich weiß auch nicht. Ich habe immer Menschen zum Reden. Und wenn ich dann noch verreisen kann, ist das das Beste für mich.«

Und die beiden unterhalten sich ausgiebig.

Beim Abschied meint Oma noch zu ihr: »Wir kommen Sie bald wieder besuchen. Wieder fünf Jahre warten schaffe ich vielleicht doch nicht mehr! Und Sie sind ja eine meiner letzten Freundinnen.«

»Das würde mich sehr freuen!«, erwidert die Nachbarin und winkt Oma noch zum Abschied zu. Leider stirbt die Nachbarin kurze Zeit später. Zufälle gibt's!

Mit 99 Jahren, da fängt das Leben an

Oma Mia: »Warum sind wir denn heute alle hier?«

Anja: »Weil *du* Geburtstag hast!«

Oma Mia: »Wie alt werde ich denn?«

Anja: »99 Jahre!«

Oma Mia: »Und wie alt ist Maria?

Anja: »106.«

Oma Mia: »Dat gibt's doch nich! So alt möchte ich nicht werden.«

Anja: »Das hast du damals schon gesagt, als Maria 99 wurde!«

Mama: »Jetzt bist *du* es. Und, tat's weh?«

Oma Mia: »Nein. Aber was mache ich denn den ganzen Tag, wenn ich nicht Zeitung lese? Arbeite ich dann?«

Anja: »Nein, dazu bist du wirklich zu alt. Du bist in Rente. Liest Zeitung, schaust fern, wirst ausgeführt und genießt mit deiner Tochter Ute dein Leben. So wie wir es am liebsten auch alle machen würden.«

Oma Mia: »Weiß ich gar nicht mehr.«

Anja: »Das macht nichts. Ich kann mich auch nicht mehr daran erinnern, wie ich als Zweijährige auf deinem Schoß gesessen habe und du mit mir gespielt hast. Wichtig ist nur, dass du etwas Schönes machst. Das nimmt deine Seele schon noch auf.«

Oma Mia: »Aber so richtig Spaß macht es nicht mehr.«

Anja: »Doch, in dem Augenblick, in dem wir etwas

unternehmen, schon. Nur jetzt nicht, weil du dich nicht mehr erinnerst.«

Oma Mia: »Is' dat nich doof?«

Anja: »Das stimmt. Trotzdem: meinen herzlichsten Glückwunsch!«

Oma Maria: »Von mir auch. Und die 100 musst du jetzt schon auch noch wuppen!«

Und Oma Mia freut sich.

Das Jenseits im Abseits

Im Fernsehen läuft ein Beitrag zum Thema Jenseits.

Oma Mia: »Was sagt denn der Typ? Ich kann den nicht verstehen!«

Mama: »Mami, sei leise, ich kann den sonst auch nicht verstehen.«

Oma Mia: »Was sagt der denn?«

Anja: »Omma, wir sagen dir das gleich.«

Oma Mia: »Ich kann den Quatsch nicht mehr hören, mach aus.«

Mama: »Hast du überhaupt was verstanden?«

Oma Mia: »Nein. Mach trotzdem aus.«

Anja: »Haha. Da geht es ums Jenseits.«

Oma Mia: »Wer will denn so was wissen?«

Anja: »Du nicht?«

Oma Mia: »Nee. Bin doch dann tot.«

Anja: »Aber was kommt nach dem Tod?«

Oma Mia: »Seh ich ja dann.«

Mama: »Seid doch mal still.«

Zwei Minuten später.

Oma Mia: »Was guckt ihr denn da?«

Mama: »Ich mach mal lauter.«

Ich flunkere und behaupte: »Einen Kommentar zum Sonntag!«

Oma Mia: »Worum geht es?«

Anja: »Hör zu, eine Dame berichtet gerade von ihrer Jenseitserfahrung.«

Oma Mia: »Ist dat sterbenslangweilig. Ich geh jetzt ins Bett. Gute Nacht.«

Anja: »Ja, genau, Omma, es geht ums Sterben.«

Oma Mia: »Dat ist nix für mich.«

Ein Schlückchen in Ehren

Drei Generationen machen wieder den üblichen Ausflug nach Südtirol. Dieses Jahr fahren wir in ein wunderschönes Blumenhotel.

Papa und ich sitzen draußen bei 30 Grad im Schatten an einem tollen Swimmingpool. Oma ist auf ihrem Zimmer und schläft. Aber nicht, weil sie ein Mittagspäuschen macht, sondern weil sie jetzt gerne *bis* Mittag schläft. Es fing plötzlich an, dass sie länger in den Tag hineinschlafen wollte. Davor stand sie mit Papa um 9 Uhr auf und machte ihm das Frühstück. Dann stand sie »erst« um 10 Uhr auf, und das Zubereiten des Frühstücks musste Papa nun selbst übernehmen. Das war anfangs ein echtes Drama, denn Oma musste das »Ich bin die beste Kaffeeköchin«-Zepter aus der Hand geben.

So langsam vergisst sie auch mal das ein oder andere. Und gerade im Urlaub dauert es etwas, bis sie sich an die neue Umgebung gewöhnt hat. Vor allem die ersten beiden Nächte wacht sie meist auf und weiß nicht, wo sie ist, aber das legt sich dann bis zum Ende der Reise.

Jetzt spielen wir *Schnick, Schnack, Schnuck*, um zu entscheiden, wer Oma von ihrem Zimmer abholt. Papa hat verloren. Ich bestelle derweil schon mal das Frühstück für Oma und *ein* Glas Prosecco für mich. Einen Moment nicht aufgepasst, trinkt Oma es fast alleine aus. Als ich auch noch einen Schluck davon haben will, schaut sie mich irritiert an.

Oma Maria: »Ich hatte übrigens noch nichts von *meinem* Sekt.«

Anja: »Wie bitte? Du hast ihn fast alleine ausgetrunken.«

Oma Maria: »Nein, daran würde ich mich doch erinnern.«

Anja: »Zum Beweis darfst du das nächste Mal nur noch mit Lippenstift trinken!«

Ein Klavier, ein Klavier

Wir besuchen eine entfernte Verwandte in einem vornehmen Hotel in Meran. Ich frage dort, ob ich im

Foyer auf dem Klavier spielen darf, weil das meine Großmutter immer so freuen würde.

Dame an der Rezeption: »Also, ich weiß nicht … Der Flügel ist schon 100 Jahre alt! Nicht, dass Sie ihn *kaputt*machen.«

Anja: »Meine Oma, die draußen auf ihrer Terrasse sitzt, ist *106* Jahre alt! Mit der gehe ich auch gut um. Reicht das als Referenz?«

Daraufhin sagt sie nichts mehr und applaudiert am Ende sogar gemeinsam mit Oma.

Großmütters Schönheitsgeheimnisse

Anja: »Guck mal, Oma, du hast es mal wieder in die Zeitung geschafft!«

Oma Mia: »Ich? Davon weiß ich ja gar nix!«

Anja: »Nee, leider nur Maria!«

Oma Maria: »Ach, das über die Hausmittel der Großmütter?«

Oma Mia: »Die Oma von Maria is' doch schon tot!«

Anja: »Nein, Omma, über die Großmütter meiner Generation!«

Oma Mia: »Dann auch über mich?«

Anja: »Nee, ich musste mich leider für eine entscheiden. Entweder unter oder über 100!«

Oma Maria: »Du bist ja noch so jung! Die wollten sicher so eine richtig alte!«

Oma Mia: »Wat haste denn empfohlen?«

Oma Maria: »Mia, wie immer: Mandelöl für alles!«

Oma Mia: »Nee, du musst jetzt Hagebuttenkernöl nehmen!«

Oma Maria: »Fürs *Gesicht* nehm ich das ja auch.«

Oma Mia: »Musste ma für die Füße testen! Is' einmalich!«

Anja: »Und was macht man gegen die Falten?«

Da sind sich beide einig: »Lächeln aufsetzen!«

Innere Werte

Oma hat tatsächlich ihre Garantie ganz ausgeschöpft. Das ist natürlich auch der Fachwelt nicht entgangen, und deshalb wird sie von den Ärzten, die sie damals operiert haben, zu einer Nachuntersuchung eingeladen.

Bis heute ist sie damit auf der Welt die einzige Patientin, und deshalb ehrt sie eine Münchner Zeitung sogar mit der Titelseite: »Herz-Weltrekord mit 106!«

Von den Nachuntersuchungen wusste ich, von dem Zeitungsartikel allerdings nicht. Ich dachte, ich sehe nicht recht, als ich an einem Kiosk vorbeifahre und mir meine Oma von einem Zeitungsständer entgegenlacht. Donnerwetter! Ich schlage die Zeitung auf und lese: »Die Ergebnisse sind phänomenal, die TAVI-Klappe ist nach wie vor dicht wie am ersten Tag. Man sieht keinerlei Verschleißerscheinungen. Besser geht es nicht«, diagnostizieren die Chefärzte Professor Mudra und Professor Eichinger bei einem Routine-Check im Klinikum.

Ich rufe sofort Papa an.

Anja: »Warum habt ihr denn nichts gesagt?«

Papa: »Wir wussten selber nicht, wann es gedruckt wird, und erst recht nicht, dass Oma es auf die Titelseite schafft!«

Anja: »Und, Oma, wie geht es dir?«

Oma Maria: »Ich fühle mich wohl, mir geht's prima. Abgesehen von einer Aspirin-Tablette ab und zu muss ich weiterhin keinerlei Medikamente nehmen.«

Anja: »Ich finde, auf dem Foto könntest du kaum heller strahlen!«

Oma Maria: »Und meine Falten?«

Anja: »Wen interessieren die schon? Auf die inneren Werte kommt es an. In deinem Fall sogar wortwörtlich.«

Also doch!

Oma und Papa fahren zu ihrem 107. Geburtstag zu Papas Bruder, Omas älterem Sohn, nach Nordrhein-Westfalen. Irgendwie sind wir uns alle nicht sicher, ob das nicht doch ihr letzter Geburtstag sein wird. Die Fahrt dauert lange, aber sie übersteht sie gut. Am nächsten Tag wollen Papa und sein Bruder ohne Oma einkaufen gehen. Sie hat sich hingelegt, um zu schlafen. Auf einmal steht sie angezogen im Flur. Sie möchte nichts verpassen. Also los, alle ins Auto. Plötzlich sagt sie: »Ich fahre aber nicht ins Krankenhaus!«

Papa: »Da wollen wir auch nicht hin. Wir fahren zum Einkaufen.«

Oma Maria: »Ihr bringt mich jetzt wirklich nicht ins Krankenhaus?«

Papa: »Nein, wir wollen eine Hose kaufen!«

Fünf Minuten später.

Oma Maria: »Ich möchte aber nicht ins Krankenhaus.«

Papa: »Mutter! Wir – fahren – einkaufen! Reicht dir das nicht, dass du als eine über 100-jährige Mutter mit deinen fast 80-jährigen Söhnen zum Shoppen fährst? Warum willst du denn dann noch ins Krankenhaus?«

Drei Minuten später.

Oma Maria: »Ich zahle jedem 100 Euro, wenn ihr mich *nicht* ins Krankenhaus bringt!«

Papa: »Mutter! Hör jetzt auf damit!«

Oma Maria: »Nicht?«

Papa: »Okay. Für jeden 200?«

Oma Maria: »Verstehe! Wir fahren wohl doch nicht ins Krankenhaus.«

Als hätte sie eine Vorahnung gehabt, muss sie tatsächlich eine Woche später ins Krankenhaus. Sie ist nach dem Duschen ausgerutscht und hat sich heftig ihr Schienbein aufgerissen.

Anja: »Oma, du machst wieder Sachen ...«

Oma Maria: »Etwas Abwechslung tut gut. Man

muss sich schon was einfallen lassen, damit es einem nicht langweilig wird!«

Anja: »Oma, auf dem Foto sieht dein Bein fürchterlich aus!«

Oma Maria: »Ach, hab ich schon wieder vergessen. Aber der Pfleger im Krankenhaus war wirklich sehr reizend!«

Anja: »Na, dann kann es ja nicht so schlimm gewesen sein, wenn du sogar wieder mit dem Krankenhauspersonal flirten konntest.«

Oma Maria: »Warum auch nicht? Man muss das Beste aus jeder Situation machen!«

Briefwechsel

Es ist eine alte Tradition zwischen Oma und mir, dass ich ihr aus jedem Urlaub einen Brief schicke. Heute ist es eine E-Mail an Papa, der den »Brief« dann ausdruckt und Oma überreicht.

Liebe Oma,

du weißt ja: Ich habe über ein Jahr auf diesen Urlaub auf Sri Lanka gewartet. Indien ist irgendwie nicht mein Ding, aber ich dachte, die Schmetterlingsinsel beziehungsweise die Perle im Indischen Ozean bildet die Ausnahme. Dem war leider nicht so. Was mich zu Beginn der Reise am meisten langweilte, war dieses ewige Sitzen im Flieger. Und ich kann nie schlafen.

Aber dir geht es damit ja genauso. Allerdings stellte der Flug sich noch als das Angenehmste von allem heraus …

… Nicks Fieber wurde so schlimm, dass ich die nächste Nacht keinen Schlaf bekam und ihm jede Stunde neue Wadenwickel machte. Heute Morgen sind wir dann in ein Krankenhaus in Colombo gefahren. Das hat mich schon sehr an dich erinnert. Du machst da ja auch immer so einen Zirkus. »Bloß nicht ins Krankenhaus!« Dabei sind die hier echt auf Zack, was die medizinische Versorgung angeht. Aber in seiner Verfassung hätte er eh nicht fliegen können. Wir brauchten eine Infusion, und danach ging es ihm etwas besser.

Der Bluttest ergab Verdacht auf Dengue-Fieber. Wenn das mit einem weiteren Test bestätigt würde, dürften wir nicht fliegen. Ja, da sitze ich nun und schreibe dir. Wir verzichten aber auf einen weiteren Test, da wir sonst den Flieger verpassen. Wir mussten den Ärzten das Versprechen geben, in München sofort ins Tropen-Institut zu fahren.

Oh Mann, Oma, ich fahre gerne überallhin, nur nicht wieder nach Sri Lanka. Ich bin urlaubsreif! Wahrscheinlich wusstest du damals schon, dass Sri Lanka nichts für mich ist, und wolltest mich nur davor bewahren. Danke dir im Nachhinein dafür.

Ich schicke dir zu deinem 107. Geburtstag alles, alles Liebe und bin schon gespannt, was du dir dieses Jahr wünschst. Lass dich ganz fest von mir drücken. Ich vermisse euch und freue mich schon auf nächstes Jahr, wenn wir uns wiedersehen. Rutsch gut rüber, aber nicht wieder in der Dusche aus! ;-)

Dein Anja-Spätzchen

PS: Ich habe mit keinem Pfleger geflirtet.

JAHR: 2017 – ALTER: 107 JAHRE

Wer hat hier die Hosen an?

Beide Omas besuchen mich mal wieder bei mir zu Hause. Und beide mustern mich genauestens von oben bis unten, als ich ihnen die Tür in Jogginghose und Schlabber-Shirt öffne. Ich entschuldige mich für meine »Arbeitskleidung«. Aber das ist den Ladys nicht genug. Wenn man irgendwohin geht oder sich Besuch ankündigt, auch wenn es die eigene Familie ist, zieht man sich ordentlich an, so der allgemeine Tenor. Und selbst wenn eine Hose ein Loch hat, wird es sofort genäht und nicht erst liegen gelassen oder gar weggegeben. Heute allerdings sind die Blicke besonders kritisch.

Oma Maria: »Spätzchen, wann ziehst du dich denn richtig an?«

Anja: »Ich *bin* angezogen!«

Oma Maria: »Also, das ist lustig, was du anhast, aber damit würde ich nicht rausgehen.«

Anja: »Das ist ja der springende Punkt! Ich muss ja nicht raus. Also rein mit euch!«

Oma Mia lässt sich mit einem großen Plumps auf die Couch fallen und meint: »Dat is' halt nicht so figurbetont.«

Oma Maria: »Ja, Mia, da hast du recht.«

Anja: »Stimmt, ihr habt früher eigentlich immer nur Kleider oder Röcke getragen.«

Oma Mia: »Zu meiner Zeit waren Hosen einfach nicht anständig.«

Oma Maria: »Zu meiner auch nicht.«

Anja: »Haha, das denk ich mir!«

Oma Maria: »Also, ich habe gerne Röcke getragen, aber jetzt, muss ich sagen, habe ich lieber die Hosen an!«

Wünsch dir was!

Anja: »Oma, was wünschst du dir eigentlich noch zum 107. Geburtstag?«

Oma Maria: »Oh, ich würde so gerne mal Spareribs probieren!«

Ich merke schon: Je älter man wird, desto bescheidener werden die Wünsche. Deswegen gehen wir alle zusammen in ein Steakhouse auf dem Land. Oma verputzt alle Ribs mit einer wahren Freude.

Anja: »Papa, hat Oma wirklich noch nie Spareribs gegessen?«

Papa: »Ich weiß es auch nicht, aber ich glaube, das stimmt.«

Anja: »Und, Oma, wie schmeckt es?«

Oma Maria: »Richtig gut! – Und, Anja-Spätzchen, was wünschst *du* dir zum Geburtstag?«

Anja: »Dass *du* 108 wirst!«

Reiselust

Oma fragt ständig, wohin wir als Nächstes verreisen. Also planen wir noch mal einen Urlaub nach Mallorca, aber dieses Mal buchen wir die Zimmer in einem Hotel am Ballermann, denn der Strand ist nicht weit vom Flughafen entfernt – sollte vielleicht doch etwas Unerwartetes passieren. Außerdem soll im Frühjahr der Ballermann ein Rentnerparadies sein – habe ich mir sagen lassen. Also buche ich für Papa, Oma und mich eine Woche mit Frühstück. Ich versichere mich noch mal bei Papa, dass Oma das auch wirklich schafft und wir keine Reiserücktrittsversicherung brauchen.

Papa: »Oma ist schon wieder so heiß aufs Verreisen, da kann passieren, was will: Sie fliegt ganz sicher mit. Und wenn es ihre letzte Reise ist.«

Da wir bisher noch nie eine Reiserücktrittsversicherung abgeschlossen haben, bleibe ich auch dieses Mal zuversichtlich. Stattdessen bestelle ich beim Flughafen München einen Rollstuhl.

Personal: »Was hat denn Ihre Großmutter für eine Erkrankung?«

Anja: »Gar keine. Sie ist nur 107 Jahre alt und nicht mehr so schnell zu Fuß!«

Bodenpersonal: »Waaaas? Und sie kann noch fliegen? Braucht sie Tabletten?«

Anja: »Nein, alles super.«

Bodenpersonal: »Ja, gut, kein Problem. Also, 107 … Das ist ja wirklich selten!« Und ich denke mir im Stillen: Wenn der wüsste, dass ich noch eine 99-jährige Großmutter habe.

Es stellt sich heraus, dass Oma Mias Sohn zur selben Zeit auf Mallorca sein wird. Er schlägt vor, ich solle für MammaMia ein Zimmer mit reservieren. Das kann ja heiter werden. Vorsichtshalber buche ich für *sie* aber eine Reiserücktrittsversicherung dazu, da Oma Mia das letzte Mal im Flieger einen Schwächeanfall bekam und MammaMia nicht mitfliegen durften.

Ich rufe wieder beim Flughafen an, um einen zweiten Rollstuhl zu bestellen. Und ich kann es kaum glauben, aber ich habe tatsächlich denselben Herrn wie beim ersten Mal am Telefon.

Bodenpersonal: »Wie? Sie veräppeln mich doch! Sie haben eine 107-jährige Großmutter, und jetzt wollen Sie noch einen zweiten Rollstuhl für Ihre 99-jährige Großmutter, die auch mitfliegen will?«

Anja: »Das ist wirklich so. Glauben Sie mir! So was kann ich mir gar nicht ausdenken.«

Bodenpersonal: »Und die nimmt wahrscheinlich auch keine Tabletten?«

Anja: »Inzwischen nicht mehr. Meiner Mama sei Dank.«

Bodenpersonal: »Also, Ihre Gene möchte ich haben.«

Womit keiner gerechnet hat, ist, dass Papas Bruder völlig unerwartet stirbt. Also fahren Papa und Oma Maria zur Beerdigung ihres ältesten Sohnes, und ich fliege mit MammaMia nach Mallorca. Oma Mia hingegen weiß überhaupt nicht, dass wir in den Urlaub fliegen. Sie weiß, es passiert etwas, und das findet sie gut. Aber während der Fahrt zum Flughafen kommt dann doch ständig die gleiche Frage: »Wo sind wir hier?«, die Mama und ich jedes Mal anders beantworten können:

»Wir sind im Auto.«

»Wir sind auf dem Weg zum Flughafen.«

»Wir sind im Flughafen.«

»Im Flieger.«

»Wir landen auf der Insel Mallorca.«

Sie reagiert nicht minder irritiert, fragt fröhlich weiter, und wir antworten geduldig weiter. Im Taxi. Im Hotel. Im Hotelzimmer. Aber am Ende macht sie dann doch noch eine Sache stutzig: »Wo kommt denn der Swimmingpool her?«

Das Wetter begrüßt uns mit wärmender Sonne – in einer windstillen Ecke kann man sogar schon im Badeanzug liegen –, und der Blick auf das Meer lässt uns alle Strapazen vergessen. Wir schieben Oma in ihrem Rollstuhl an der Promenade entlang, als wieder die bekannte Frage kommt: »Wo sind wir denn hier?«

»Auf Mallorca!«, antworte ich. Diesmal nimmt sie es aber nicht kommentarlos hin, sondern kontert hervorragend: »Dat steht aber nirgends!«

Wo sie recht hat, hat sie recht.

Die Urlaubstage bestehen im Wesentlichen aus einem ausgiebigen Frühstück, das Oma Mia nie beenden möchte, einem anschließenden Schläfchen, kleinen Insel-Rundfahrten mit Oma Mias Sohn, Nachmittagskaffeekränzchen im Hotel-Café und ausgiebigem Flanieren und Ausruhen auf der Sitzbank, mit Blick auf die Passanten.

Oma Mia: »Guck mal! Der hat vielleicht 'nen dicken Bauch!«

Anja: »Wer?«

Oma Mia: »Na, der da, dat siehste doch gleich. Man sagt ja auch: ›Dummheit frisst!‹«

Anja: »Heißt das nicht, Intelligenz säuft, Dummheit frisst? Da weiß man jetzt nicht genau, wovon der Bauch herrührt. Und, Oma, du willst eigentlich auch die ganze Zeit essen?«

Kurze Denkpause.

Oma Mia: »Willste damit sagen, dass deine Omma dumm is'?«

Ich muss schallend lachen.

Anja: »Nee, du bist nur vergesslich! Das rettet dich.«

Oma Mia: »Und *du* bist frech!«

Am Tag unserer Abreise realisiert sie tatsächlich, dass es unser letzter Tag auf Mallorca ist.

Oma Mia: »Wie? Warum fahren wir wieder heim?«

Anja: »Weil *ich* arbeiten muss. Das ist die grausame Wahrheit.«

Oma Mia: »Aber *ich* doch nicht!«

Anja: »Stimmt auch wieder. Aber mitgehangen – mitgefangen!«

Auf dem Rückflug werden beim Aussteigen Schokoherzen verteilt. Oma nimmt sich drei Stück. Früher waren die normalerweise alle sofort weg, wurden auf der Stelle ausgepackt und vernascht, so schnell konnte man gar nicht schauen. Jetzt guckt sie mich an wie ein kleines Kind und sagt:

»Also, eines ist für Ute, eines ist für dich und …« Sie überlegt, und ihr Blick wird noch herzerweichender. »Darf ich auch eines haben?«

Das ist so süß. Wer braucht da noch Kinder?

Der heilige Gral

Anfang Mai liegt noch ein wenig Schnee auf den Bergspitzen, was sich phantastisch macht vor dem strahlend blauen Himmel, den saftig grünen Wiesen und den knallgelben Rapsfeldern. Für Oma ist damit aber eindeutig bewiesen: »Ach, der *Februar* ist aber schön.«

Oma bewegt wieder nur ein Thema: »Wir waren dieses Jahr noch nicht im Urlaub! Wann fahren wir denn mal wieder weg?«

Also schaue ich in meinen Kalender, und wir entscheiden uns für Mitte Mai.

Anja: »Wohin willst du denn?«

Oma Maria: »Wohin kann ich denn noch?«

Papa schaut mich an und sagt: »Eigentlich geht nur noch *ein* Reiseziel.«

Anja: »Oh, neeeeee, Papa, nicht schon wieder *Gardaseeeee*!«

Oh doch! Und ich mache mir schon gar keine Gedanken mehr, ob es jetzt das letzte Mal sein wird. Inzwischen glaube ich nämlich, Oma hat den heiligen Gral gefunden und trinkt heimlich daraus.

La Dolce Vita

Zwei Wochen später geht es los. Dass ein LKW-Brand die Autobahn lahmlegt, stört uns wenig. Oma wundert sich zwar alle 15 Minuten darüber, weshalb am Sonntag so viel Verkehr ist, aber Papa und ich haben uns dran gewöhnt, dass jeder Tag ein Sonntag ist. Es ist auch zwecklos, das immer wieder aufklären zu wollen. Und irgendwie ist es auch schön, wenn die Demenz am Ende des Lebens bei einem Sonntag hängen bleibt. Außer wir wollen einkaufen gehen …

Oma Maria: »Wo sind wir denn hier?« Inzwischen kommt diese Frage im Zehn-Minuten-Takt. Das kennen wir schon von Oma Mia. Bei Oma Maria ist die Vergesslichkeit allerdings anders gelagert. Es tritt gewöhnlich nur auf bei Wetterwechsel, Schlafmangel und zu wenig Unterhaltung. Hat sie von all dem ausreichend, ist sie voll einsatzfähig.

Anja: »In Südtirol!«

Oma Maria: »In Südkohl?«

Anja: »Am Nordpol.«

Oma Maria: »Ach, ihr veräppelt mich doch! Was jetzt, Rotkohl oder Weißkohl? Aber doch nicht Südkohl? Ach so, Südtirol!«

Sie kichert fröhlich vor sich hin.

Am Brenner kommt dann der typische Satz: »Das zieht sich aber ganz schön!« Sie hält brav durch und muss nicht einmal während der ganzen Fahrt – mit Stau sind es immerhin fünfeinhalb Stunden – zur Toilette.

Ich kann mir das nur so erklären, dass ihre 107-jährige Blase inzwischen auch schon vergesslich ist.

Und da endlich liegt er uns zu Füßen, der Gardasee. La Dolce Vita, wir kommen! Beim Einchecken ins Hotel bekommt das Personal wieder große Augen, wenn wir Omas Ausweis zücken. »107? Incredibile!«

Wir nehmen eine Suite für drei Personen. Beide versprechen mir hoch und heilig, nicht zu schnarchen. Na, warten wir's ab.

Das Zimmer ist toll, hat eine Terrasse mit Blick auf den See und ein »rundes« Doppelbett, wie aus den 60er Jahren.

»So was hätte es früher nicht gegeben. Wie soll ich denn da ins Bett kommen?« Oma schaut staunend auf die große Liegefläche.

»Du kannst gerne auch in meinem Beistellbett liegen!« Ich zeige auf mein winziges Bett am anderen Ende des Zimmers.

»Ach, lieber nicht. Man sollte immer wieder mal

was Neues ausprobieren! Außerdem ist es hier auch viel näher zum Bad.«

Papa: »Du willst doch nur nicht alleine schlafen!«

Oma Maria: »Dass ihr mich auch immer gleich durchschaut.«

Jede Nacht muss sie mindestens dreimal zur Toilette. Ja, liebe Blase, tagsüber kneifen und nachts lockerlassen, liegt nicht im Sinne deiner Erfindung. Hat aber einen Vorteil: So kommen beide gar nicht dazu zu schnarchen.

Es ist warm in Brenzone, unterhalb des Monte Baldo, aber es geht ein frisches Lüftchen. Dadurch beginnt ein sich täglich wiederholendes Ritual, und Oma fragt ständig:

»Wo ist meine Handtasche?« – »Wo ist mein Taschentuch?« – »Wo ist meine Halskette?« – »Hast du Sonnencreme?« – »Ist dir auch so heiß?«

Also wechseln wir den Platz.

Oma Maria: »Hier ist es zu kalt.«

»Okay, dann Halbschatten?«, frage ich und gehe mit ihr wieder weiter. »Besser?«

»Hier ist es zu windig, Spätzchen. Tut mir leid, aber das ist es auch noch nicht!«, erwidert Oma.

Anja: »Dann gehen wir oben zu den Plätzen am Pool.« Hier sind allerdings die Stuhlkissen zu hart. Ich hole weichere.

Fünf Minuten später.

Oma Maria: »Wo ist meine Sonnenbrille?«

Anja: »Hier, bitte schön!«

Oma Maria: »Das ist nicht meine Sonnenbrille!«

Anja: »Oma, doch!«

Oma Maria: »Ist die neu?«

Anja: »Ja!«

Oma Maria: »... hat sich mir noch nicht vorgestellt!« Und sie ist endlich zufrieden.

Immer noch Omas Sonnenbrille

Am nächsten Tag spielt sich das Gleiche ab, denn der Wind, die Sonne, all das ist ja immer etwas anders. Am Ende sage ich: »Meine Güte, Oma, hast du ein bewegtes Leben.«

Oma Maria: »Werd du erst mal so alt!«

Anja: »Ich glaube, ich finde keinen, der mich so bedienen würde.«

Oma Maria: »Das würde ich dir aber wünschen. – Und warum habe ich Jochens Sonnenbrille auf?«

Anja: »Das ist deine! *Ein Jahr* alt!«

Oma Maria: »Wirklich? Das wüsste ich doch!«

Anja: »Oma, schau doch mal! Ist die nicht etwas zu weiblich für 'ne Männer-Sonnenbrille?«

Oma Maria: »Stimmt. Es ist deine!«

Anja: »Oma, ich habe eine auf! Zwei wären etwas übertrieben.«

Oma Maria: »Dann könntest du mir ja eine leihen! Hihi.«

Was man von diesen Dialogen lernen kann, ist Geduld zu haben und den Augenblick zu leben. Oma macht das ja wirklich sehr raffiniert, so dass man manchmal gar nicht weiß: Ist das jetzt Schusseligkeit oder Demenz oder – doch Absicht? Sie weiß genau, wie viel Arbeit es manchmal mit ihr ist. Deswegen fragt sie am Ende einer jeden auch für sie anstrengenden Wo-ist-endlich-der-perfekte-Platz-Tour immer:

»Und? Bist du schon erholt, Anja-Spätzchen …?«

Fortsetzung folgt …

Wir sitzen am Ufer, es ist etwas bewölkt, die Suche nach dem idealen Platz haben wir bereits hinter uns. Papa ist freigestellt und darf an der Uferpromenade entlanglaufen. Und ich schreibe an Omas Lebensgeschichte weiter.

Oma Maria: »Darf ich's mal lesen?«

Anja: »Du weißt doch eh, was drinsteht.«

Oma Maria: »Mich würde interessieren, wie es ausgeht.«

Anja: »Das weiß ich doch auch nicht! Das bestimmst *du*! Noch beende ich jedes Kapitel mit ›Fortsetzung folgt …‹«

Oma Maria: »Ich? Ach so, je nachdem, wie ich entschwinde!«

Anja: »Genau.«

Oma Maria: »Ich hätte gern ein Happy End!«

Anja: »Du schläfst also glücklich ein.«

Oma Maria: »Das wäre schön. Und wann, glaubst du, ist es so weit?«

Anja: »Oma, ich bin doch keine Hellseherin.«

Oma Maria: »Also, ich würde schon noch gerne wieder mal nach Spanien.«

Anja: »Siehst du – kein Ende in Sicht.«

Die richtige Entscheidung

Wir suchen uns fürs Abendessen eine nette, kleine Pizzeria an der Promenade von Malcesine. Oma kommt in den Rollstuhl. Dabei sind ihr größter Feind die Pflastersteine und Kieselwege: »Unmöglich, die Straßen hier!«

Anja: »Oma, wir sind in einem Dorf – da kannst du doch nicht alles zubetonieren. Außerdem ist das Schwanken gut für die Durchblutung!«

Oma Maria: »*Dich* möcht ich mal in *meinem* Alter sehen.«

Anja: »Also, Oma, ich glaub ja an vieles, aber das wird wohl leider nicht passieren.«

Oma Maria: »Ach, ich guck dann schon von oben herab. Da kannst du dir sicher sein!«

Anja: »Oma, das ist Spionage!«

Oma Maria: »Na ja, dann halt nur ab und zu …«

Kaum haben wir das Lokal erreicht, bestellt Oma eine Pizza und wir Nudeln. Das Essen wird serviert, und Omas Augen werden groß. Aber nicht wegen ihrer köstlich aussehenden Pizza, sondern wegen unserer Gerichte.

Oma Maria: »Wieso habe ich denn keine Nudeln?«

Anja: »Weil du eine Pizza wolltest!«

Sie schmollt.

Oma Maria: »Mmmh, das nächste Mal will ich auch Nudeln.«

Anja: »Und wenn wir dann Pizza wollen?«

Oma Maria: »Dann will ich trotzdem Nudeln.«

Wer das jetzt glaubt, liegt falsch. Es läuft immer nach demselben Prinzip ab, denn ihr könnte ja was entgehen! Aber dass *uns* vielleicht etwas entgehen könnte, nämlich eine leckere Steinpilz-Pizza, sieht sie nicht.

Anja: »Oma, deine Pizza sieht viel besser aus als unsere Nudeln!«

Oma Maria: »Aber euer Essen riecht besser!«

Am letzten Tag fahren wir nach Lazise. Dort gibt es wunderschöne Sonnenuntergänge, eine Blumen-Gartenschau an der Promenade und viele Schaulustige. Herrlich für Oma, um Menschen zu beobachten. Wie ein Royal lässt sie sich in ihrem Rollstuhl schieben. Als es langsam kälter wird, suchen wir ein Restaurant auf und bekommen einen tollen Platz direkt am Fenster mit Blick auf den Gardasee.

Wir sind alle gutgelaunt, und Oma bestellt gleichzeitig Bier und Wein, weil sie sich nicht entscheiden kann. Am Nebentisch sitzt ein lustiges Pärchen aus Köln. Die Dame hat einen bezaubernden, süßen Hund auf dem Arm.

»Oh, ist der süß«, sage ich.

Kölnerin: »Wollen Sie ihn mal auf den Arm nehmen?«

Oma Maria: »Oh ja, sehr gerne. Wir hatten ja auch einen Hund, als ich klein war, und Ihrer sieht so ähnlich aus!«

Oma will ihn gar nicht mehr hergeben, aber die Getränke kommen. Fröhlich geht es weiter.

Oma Maria: »Wo ist mein Bier?«

Anja: »Du hältst es in der Hand!«

Oma Maria: »Ah ja, danke! – Ist die Steinpilz-Pizza für mich?«

Anja: »Ja, du hast sie dir bestellt.«

Oma Maria: »Also, allmählich werde ich vergesslich. Und wo sind wir hier? Am Rhein?«

Anja: »Nein, am Gardasee!«

Oma Maria: »Oh! Ist aber auch schön!«

Fünf Minuten später …

Oma Maria: »Kannst du bitte meine Pizza aufessen?«

Anja: »Oma, so geht das jetzt schon die ganze Woche. Ich kann nicht immer dein Essen aufessen! Ich werde noch fett!«

Oma Maria: »Ihr habt doch Flügeltüren daheim! Da passt du noch eine ganze Weile durch, hihi.«

Anja: »Ach so? Ja klar! Na, dann: Herr Ober, bitte noch ein Eis!«

Oma Maria: »Für mich auch! Erdbeer-Vanille! Und mit Sahne!«

Bitte lächeln!

Bevor wir unsere Rückfahrt antreten, will die Besitzerin des Hotels noch ein Foto mit Oma machen. »Unglaublich, ich habe noch nie so einen alten Menschen gesehen. Seniora Maria, würde es Ihnen etwas ausmachen, wenn ich ein Foto mit Ihnen machen würde?« Natürlich ist Oma mit Begeisterung dabei. Die Italienerin erbittet zum Schluss noch einen Tipp von Oma fürs Leben. Oma schmunzelt und sagt: »Lachen, positiv denken und immer weitermachen!«

Ein letztes Mal blicken wir auf die vielen weißen Segelschiffe auf dem wunderschönen blauen Wasser des Gardasees. Wir wollen gerade losfahren, da kommt der Portier des Hotels uns plötzlich nachgerannt, weil wir noch ganz viele Sachen im Schrank hängen gelassen hätten. Daraufhin schaue ich Papa an: »Also, ich habe alle meine Sachen im Auto!«

Papa: »Ich habe auch alles eingepackt!«

Oma Maria: »Und wo sind meine Kleider, die auf dem Bügel hingen?«

Papa und ich schauen uns grinsend an. Wir haben Omas Kleider tatsächlich im Schrank vergessen.

Anja: »Oh Gott, Papa, wir werden alt!«

Oma Maria: »Aber ohne mich.«

Facebook

Ich habe schon länger überlegt, ob ich Oma nicht ein eigenes Facebook-Profil geben soll, da vereinzelte Geschichten, die ich immer mal wieder auf meinem Account gepostet habe, sehr positiv angenommen werden. Anhand der Kommentare lassen sich Bewunderung und Verwunderung der Leser gleichermaßen ablesen. Viele freuen sich, dass ein so »alter Mensch« noch Spaß am Leben haben kann. Viele möchten auch wissen, was sie im Alltag macht. Also warum nicht ab und zu mal Grüße von ihr in die Welt rausschicken? Und Oma war mit der Idee einverstanden. So ganz versteht Oma Maria noch nicht, was man auf Facebook alles anstellen kann, sie hat aber Spaß an der Idee und schaut neugierig zu, was ich mache.

Oma Maria: »Wie machst du das, mit dem Drücken auf dem weißen Ding?«

Anja: »Hier, Oma, leg einfach die Hand auf die Maus.«

Oma Maria: »Das heißt *Maus*? Hihi. Und ich mach auch sicher nix kaputt? Habe ich denn dann meine eigene Zeitung?«

Anja: »So ungefähr. Aber du bestimmst mit, was wir schreiben sollen.«

Oma Maria: »Und du meinst, das interessiert die Menschen? Ich bin doch schon so alt … Was erlebe ich denn schon Großartiges, was für andere spannend sein könnte?«

Anja: »Na ja, nenn mir einen anderen Menschen,

der mit 106 Jahren auf Mallorca zum Leuchtturm hochwill – und es schafft?«

Oma Maria: »Aber, Anja-Spätzchen, das habe ich doch nur dir zu verdanken.«

Anja: »Das mag schon sein, aber du selber bist ja gelaufen. Tragen musste ich dich nicht.«

Oma Maria: »Also, dass ich so was noch erleben darf! Was muss ich denn jetzt machen?«

Anja: »Du sollst weiter so bleiben, wie du bist! Ich schreibe nur unsere lustigsten Erlebnisse auf und bringe sie dann hier rein in den Computer.«

Oma Maria: »Und sieht das dann jeder?«

Anja: »Nicht jeder, nur derjenige, der sich für uns interessiert. Man kann uns abonnieren.«

Oma Maria: »Aha. Zeig mal, wie du das machst!«

Anja: »Wie sollen wir denn unsere Seite nennen?«

Oma Maria: »Das weiß ich nicht. Vielleicht *Anja und Maria*?«

Anja: »Aber dann weiß ja keiner, wie alt du bist.«

Mir kommen erste Zweifel. Klar sagt Oma, man solle immer weitermachen, aber jetzt wirklich auf Facebook gehen?

Nachdem ich drei schlaflose Nächte hinter mir habe – nicht wegen Oma, die schläft hervorragend in unserem Gästezimmer –, wecke ich mitten in der Nacht meinen Freund.

»Entschuldige bitte, aber sag mir bitte irgendeinen Namen für die Facebook-Seite! Egal was! Es muss nur besser sein als *Mia und Maria*, *Maria und Maria*, *Anja und die Omas* oder *Oma107*. Das klingt wie *Ju-*

lia123 …« Im Halbschlaf antwortet Nick mir: »Mach doch einfach: *Was macht eine 107-Jährige heute*«, und schläft weiter.

Ist das nicht etwas lang?, frage ich mich. Mag sein, aber es bringt die Sache auf den Punkt. Ja, im Schlaf kommen einem meist die besten Ideen. Also, in meinem Fall: im Fremdschlaf.

Sehr schön, dann kann Oma ja jetzt online gehen.

Der Internetauftritt

Anja: »Was machen wir heute?«

Oma Maria: »Immer weitergehen. Nicht stehen bleiben!«

Anja: »Willst du lieber den Stock oder den Rollator nehmen?«

Oma Maria: »Weder noch. Ich hätte gerne deine Hand.«

Anja: »Oh, Oma, das ist süß von dir!«

Oma Maria: »Wir gehen aber nur eine kleine Runde ohne Rollstuhl!«

Anja: »Dein Wunsch ist mir Befehl.«

Oma Maria: »Und wo ist dein Mann?«

Nick: »Hier. Ich komme mit.«

Oma Maria: »Wie schön. Dann reich mir gleich mal deine Hand!«

Anja: »Und was ist mit mir?«

Oma Maria: »Na, du hast ihn doch immer! Ich habe so selten männliche Gesellschaft!«

Anja: »Was ist mit Papa?«

Oma Maria: »Das zählt nicht!«

Und natürlich ist beim Spazierengehen der Internetauftritt *das* Gesprächsthema.

Anja: »Und welche Geschichte wollen wir als erste teilen? Die mit dem Leuchtturm?«

Nick: »Mach doch ein Foto, wie sie hier auf dem Seitenstreifen geht.«

Oma Maria: »Und dann?«

Anja: »Haha, Nick, du bist ja gut. Oma, du gehst *on-line. Auf einer Linie.*«

Oma Maria »Was heißt das?«

Anja: »Das sagt man so, wenn man ins Internet geht. Man geht online.«

Oma Maria: »Also, das sind böhmische Dörfer für mich, aber klingt lustig. On-lain!«

Anja: »Und, Oma, wie ist es so, *auf dem Strich* zu gehen?«

Oma Maria: »Bringt nix ein!«

Nachtcreme

Oma Maria: »Hast du noch eine Creme für mich?«

Anja: »Hier, Oma, aber die Nachtcreme ist eigentlich für die Haut um die 30!«

Oma Maria: »Danke dir, Spätzchen. Ich kann's kaum erwarten, morgen aufzuwachen.«

Theorie und Praxis

Mein Vorschlag ist, ein Foto in der Woche zu zeigen. Alles ganz entspannt, und vor allem – für mich nicht zu zeitaufwendig. Auch wenn sich Oma jeden Tag auf Facebook tummeln könnte – *ich* muss noch arbeiten. So weit die Theorie.

Ab Tag eins bin ich mindestens vier Stunden mit der Seite beschäftigt. Nick meint, ich solle noch viel mehr veröffentlichen. Nur ein Bild ist doch langweilig. Also packe ich noch die Geschichte mit Manuel Neuer auf die Seite, und ihren Herzklappen-Weltrekord. Die Bild am Sonntag ruft an, die Bild der Frau, der Berliner Kurier und noch viel mehr Zeitschriften wollen ein Interview. Am Ende weiß ich gar nicht mehr, wann wir das alles beantworten sollen.

Und Oma? Die freut sich, dass wir jeden Tag telefonieren, und hat den Spaß ihres Lebens. Ich zeige ihr die Kommentare zu den Fotos und die netten Nachrichten der Leser. Es dreht sich alles um sie, und genau das liebt sie.

Eieruhr?

Es ist heiß. Oma sitzt auf der Terrasse und schält Kartoffeln. Ich bin in der Küche und rufe ihr zu: »Es ist ganz schön heiß heute. Willst du dich nicht wieder reinsetzen?«

Oma Maria: »Wir haben 35 Grad.«

Anja: »Das könnte hinkommen. Schätzt du die Temperatur? Oder woher weißt du das?«

Oma Maria: »Na, hier steht's doch!« Ich komme zu ihr raus und schaue verdutzt.

Anja: »Oma, das ist die Eieruhr, die ich gerade für die kochenden Kartoffeln eingestellt hab.«

Oma Maria fühlt sich ertappt, überlegt kurz und sagt: »Oh! Dann wird es wohl gleich kälter.«

Eigenes Fernsehprogramm

Im Garten. Ich gieße Blumen, Oma träumt genüsslich vor sich hin.

Oma Maria: »Mit so einem Garten hat man viel Arbeit.«

Anja: »Ja, da haste recht.«

Oma Maria: »Ist aber auch besser als unser Fernsehprogramm.«

Anja: »Und wie schön die Vögel zwitschern.«

Oma Maria: »Stell mal lauter!«

Ein Eichhörnchen läuft vorbei.

Oma Maria: »Guck mal, das ist so fleißig wie du! Habt ihr hier denn Nussbäume?«

Anja: »Nur Nusseis!«

Oma Maria: »Mit Sahne bitte!«

Durchschaut

Manchmal versuchen Oma und ich, auch einfach nur schweigend nebeneinanderzusitzen, den Vögeln zu lauschen und aufs Wasser zu schauen.

Oma Maria: »Was für ein tolles Geschenk die Natur doch ist! Und diese phantastischen Wolken!«

Anja: »Okay, Oma, das waren jetzt genau drei Minuten Ruhe.«

Oma Maria: »Nur? Kam mir länger vor.«

Wir schweigen weiter.

Oma Maria: »Es könnte noch Gewitter geben!«

Anja: »Oma, du hast mal wieder die zu dunkle Sonnenbrille auf!«

Oma Maria: »Dass du mich immer wieder gleich durchschaust ...!«

Wir versuchen weiter zu schweigen. Diesmal schaffe *ich* es nicht.

Anja: »Ja, Oma, ich glaube, Schweigen ist eine wunderbare Sprache, die nur wenige beherrschen.«

Oma Maria: »Ich habe lieber Spanisch gelernt!«

Gut-haben

Oma Maria: »Ich wollt immer ein *Gut* haben, mit Tieren und allem Drum und Dran.«

Anja: »Du hast doch eines – bei der Sparkasse.«

Oma lacht und sagt: »Und du kannst dir sogar eine eigene Bank leisten.«

Anja: »Stimmt! Da sitzt man bequem drauf, ne?«

Oma Maria: »Wie hoch sind deine Zinsen?«

Anja: »Ein Bussi und eine dicke Umarmung pro Stunde!«

Oma Maria: »Okay, dann nehme ich ein ganzes Wochenende, bitte.«

Der Prinz

Oma muss zur Toilette und braucht wie immer meine Hand beim Gehen. Der Rasen ist zu uneben, um mit dem Stock entlangzulaufen. Außerdem haben wir ausgemacht, dass sie nirgendwohin mehr alleine gehen darf. Sie vergisst nämlich manchmal, dass sie nicht mehr ganz so fit ist wie früher.

Sie singt *Don Giovanni* von Mozart:

»Reich mir die Hand, mein Leben!
Komm auf mein Schloss mit mir!
Kannst du noch widerstreben,
es ist nicht weit von hier.«

Anja: »Äh, geht auch nur Abgeben an der Klotür?«

Oma Maria: »Ich könnte dich dem Prinzen vorstellen!«

Anja: »Und was mache ich mit Nick?«

Oma Maria: »Auf den passe ich auf!«

Zeitungsbericht

Oma Maria: »Was ist denn das? Der Berliner Kurier?«

Anja: »Guck mal rein!«

Oma Maria: »Ach, wie süß, das sind ja wieder wir! Und Anja-Spätzchen – du in deinem Nachthemd!«

Anja: »Das ist mein weißes Sommerkleid – sieht aber schon ein bisschen aus, als wären wir aus der Anstalt entlaufen!«

Oma Maria: »Und warum schreiben die in Berlin über uns hier im Süden?«

Anja: »Oma, wegen Facebook!«

Oma Maria: »Ach ja, das ist ja überall!«

Oma Mia wird 100!

Ich bin mitten in den Vorbereitungen für ihren 100. Geburtstag. Geplant ist ein schönes Geburtstagswochenende am See. Freitagmittag: die enge Familie. Samstag: die Großfamilie mit Freunden, inklusive einer Schifffahrt. Sonntag: ein entspanntes Kaffeetrinken mit denen, die noch Lust haben – ich schätze mal, das sind dann wohl auch alle. Das Wetter soll traumhaft werden.

Ich mache die Einladungen fertig, und per Post erreichen sie natürlich auch Oma Maria. Als sie den Briefumschlag öffnet, ruft sie mich an: »Hui, Mia wird auch schon 100? Das ging aber schnell!«

Anja: »Hahaha. Nicht nur *du* wirst älter!«

Oma Maria: »Dann muss ich aufpassen, dass sie mich nicht überholt!«

Ja, Oma möchte die Pole-Position in unserer Familie nicht aufgeben.

Das Geburtstagsständchen

Oma Maria und ich üben Lieder für den 100. Geburtstag von Oma Mia. Oma singt lauthals mit: »Veronika, der Lenz ist da. Der Spargel wächst in Afrika!«

Anja: »Waaaaas?«

Oma Maria: »Jaaaa! Heißt doch so, oder?«

Anja: »Haha! Neee. ›Die Mädchen singen trallala.‹«

Oma Maria: »Aber da war doch was mit Spargel?!«

Anja: »›Die ganze Welt ist wie verhext, Veronika, der Spargel wächst!‹«

Oma Maria: »Wo wächst er denn?«

Anja: »Ja, Oma, wooooo woooohl?!!!«

Oma Maria: »So was haben wir damals gesungen? So ein verschweintes Lied!«

Anja: »Haha. Du meinst *versaut*. Ja, stimmt, wenn

man genauer darüber nachdenkt, ist das nicht *jugendfrei!*«

Oma Maria: »Okay, dann halte ich mir an der Stelle die Ohren zu!«

Der Countdown läuft

Donnerstag: Überraschung

Die Geburtstagsfeier soll am Starnberger See stattfinden.

Nick und ich fahren schon einen Tag eher hin, um noch einiges vorbereiten zu können.

Anja: »Ich freue mich sehr auf dieses Wochenende und hoffe, ich habe nichts vergessen. Vor lauter Anfragen, Oma hier und die andere Oma da, komm ich bald selber nicht mehr hinterher.«

Nick: »Ja, schon lustig, manchmal kommt alles auf einmal. Und man weiß bei deinen Omas eh nie, was noch alles passieren kann.«

Anja: »Also, ich bin fertig für heute. Und nee, danke! Jetzt muss bitte nichts mehr passieren. Nur noch zwei lustige Omas, die feiern wollen.«

Aber wann etwas passiert, hat man ja nicht immer selber in der Hand. Zu meiner größten und wirklich mehr als unerwarteten romantischen Überraschung trage ich seit diesem Abend einen Verlobungsring an der linken Hand.

Die Omas reisen an. Ich habe beide vorab schon eingecheckt, damit meine Eltern weniger Arbeit haben. Ich muss sehr lachen, als ich die Zimmernummern mitgeteilt bekomme. »Zimmer 110 für Frau Fritzsche und 112 für Frau Bölting«, teilt mir die Rezeptionistin mit.

»Haha, also die Notrufnummer für Oma Maria und der Rettungsdienst und die Feuerwehr für Oma Mia. Vielen Dank!« Diese Zimmernummern können sich sogar die beiden Omas merken.

So nach und nach trudelt die ganze Geburtstagsgesellschaft ein. Alle sind gut drauf, und auch die Fast-100 -Jährige selber ist wacher als sonst. Bei Kaffee und Kuchen wundert sich Oma Mia dann doch ein wenig und fragt: »Was machen denn all die Leute hier?«

Anja: »Die sind wegen deines Geburtstags hier?«

Oma Mia: »Was? Nein! Dat is' doch nich nötig. Wie alt bin ich denn?«

Oma Maria: »Du wirst morgen 100!«

Oma Mia: »Ach so.«

Anja: »Oma, mehr hast du dazu nicht zu sagen? Nur ›Ach so‹?«

Oma Mia: »Wer will denn schon 100 werden?«

Anja: »Darauf kannst du doch stolz sein!«

Oma Mia: »Mmmmmmmhhhhhh. Und wie alt bist du, Maria?«

Oma Maria: »Ich bin schon …«

Sie schaut mich kurz an und überlegt: »Ich glaube … ja, 107!«

Oma Mia: »Boah, so alt wird doch kein Mensch!«
Oma Maria: »Das tut doch nicht weh.«
Oma Mia: »Na, dir nich! Du bist ja auch noch super drauf!«
Oma Maria: »Muss ich doch, sonst kann ich ja nicht mit dir den 100. feiern.«
Darauf stoßen wir an.

Nach dem Kaffeetrinken kommen die Fotografen und die Journalisten. Oma Maria hat bei der Begrüßung nur mit einem Ohr zugehört.
Oma Maria: »Ohhh, Sie sind ein Graf?«
Fotograf: »Nein, ich bin der *Foto*graf!«
Oma Maria: »Ach so. Also nicht flirten, nur lächeln!«

Oma Maria ist wieder in ihrem Element. Ich kann mich nur wundern. Posiert für jedes Foto, keine Pose ist ihr zu anstrengend. Normalerweise braucht sie immer jemanden, dessen Hand sie halten kann, aber jetzt ist plötzlich alles anders.

Fotograf: »Frau Fritzsche, könnte ich auch mal ein Foto mit Ihnen alleine haben?«
Sie ist sofort dabei, lässt meine Hand los.
Oma Maria: »Gar kein Problem. Ich bin ja ganz angetan davon, dass man sich noch so für mich interessiert!«

Doch sie merkt schnell: So alleine ist es doch etwas wackelig auf dem Rasen. Flink sucht sich Oma den nächsten Bootspfosten, um sich daran festzuhalten.

Anja: »Wie? Ich bin einfach durch einen Pfosten zu ersetzen?«

Oma Maria: »Nein, Spätzchen. Natürlich nicht. Du bist ja viel flexibler als so ein Pfosten! Gib mir nur wieder deine Hand.«

Die Omas leben richtig auf. Sogar so sehr, dass sie bis Mitternacht aushalten und wir mit ihnen in den 100. reinfeiern können. Beide Omas freuen sich auch riesig über die bevorstehende Hochzeit und wollen das natürlich unbedingt noch miterleben.

Anja: »Wir feiern sicherlich erst nächstes Jahr.«

Oma Maria: »Ach, so ein Jahr ist schnell rum. Das schaffen wir schon.«

Okay, denke ich mir, wenn sie das sagt. Und so langsam glaube ich wirklich an das ewige Leben – und zwar bei mir. Bei meinen Genen …

Samstag: Der 100. Geburtstag

Der Rest der Verwandtschaft reist an, und als Erstes machen wir eine Rundfahrt auf dem Starnberger See. Hierbei begleitet uns auch ein Filmteam. Man merkt beiden Omas an, dass das Feiern bis um halb zwei in der vergangenen Nacht ein wenig seine Spuren hinterlassen hat. Normalerweise sind beide körperlich besser drauf, aber der Wille, alles mitzumachen, ist da.

Wir machen es uns in einer Ecke fernab vom Trubel bequem. Nach der ersten Stunde Schifffahren und Kuchenessen werden die Kameras direkt auf uns gerichtet. Oma Mia, das Geburtstagskind, sitzt rechts von mir und Oma Maria links. Die Reporterin fängt an.

»Und, Anja, wie ist es denn mit zwei Omas über 100 und so viel geballter Zeitgeschichte?«

»Oh, schon etwas anstrengend. Und auch ein kleines Wunder. Aber so richtig merkt man das nicht, denn ich habe sie ja ständig um mich.«

Oma Maria kann es kaum abwarten, endlich gefragt zu werden, und plaudert dann fröhlich los, bringt manches durcheinander, aber erfreut sich der Aufmerksamkeit. Weil aber Oma Mia zu meiner Rechten nicht verstehen kann, was Oma Maria zu meiner Linken erzählt, unterbricht sie immer wieder das Interview.

»Wat hat Maria gesagt? Es ist schön im Alter? Also, ich finde es manchmal anstrengend …« Aber weiter kommt sie nicht, denn Oma Maria ergreift schon wieder das Wort. Und als die Reporterin fragt, was sich Oma Maria noch so wünscht für ihr Leben, muss sie tatsächlich kurz überlegen und schweigt, was Oma Mia zum Anlass nimmt, ihre Chance zu ergreifen.

»Ich würde gerne mal wieder Motorrad fahren. Ich bin früher sogar Rennen gefahren und habe eine Urkunde bekommen.«

»Gesund bleiben wünsche ich mir«, unterbricht sie Oma Maria, der wieder etwas eingefallen ist und die natürlich sofort weiterreden muss. Man merkt: Auch im Alter ist der Konkurrenzdruck noch sehr hoch.

»Und Autofahren möchte ich auch mal wieder versuchen!«, redet Oma Mia unerschrocken weiter.

»Fröhlich bleiben!«, ergänzt Oma Maria. »Mit Automatik?«, frage ich Oma Mia rechts, damit sie auch mal ihre Unterhaltung zu Ende führen kann.

»... und das Leben noch gesunden Geistes erleben«, höre ich schon wieder Oma Maria von links.

»Ach, ob Gangschaltung oder Automatik, ist egal«, antwortet Mia von rechts ganz glücklich.

»Wirklich?«, frage ich sie.

»Ja, natürlich, Anja-Spätzchen«, entgegnet Oma Maria, die wiederum denkt, ich rede mit ihr. »Man hat ja schon so viel im Leben erlebt, da ist man einfach nur sehr dankbar«, führt Oma Maria unbeirrt das Gespräch weiter. Unbeirrt führt aber auch Oma Mia rechts von mir das Gespräch weiter. Ein Tauziehen der Aufmerksamkeit – und ich mittendrin.

»Wir hatten ja eine Tankstelle früher ...«, erzählt Mia und rutscht dabei immer näher an mich ran, um Oma Maria besser zu hören.

»Und ich bin ja so gerne gereist«, legt Oma Maria wieder los und sitzt dabei aufrechter als zuvor. Sie kommt wieder in Fahrt.

»Und wir haben Autoschilder gedruckt ...«, kommt es von Oma Mias Seite. Ich habe gar keine Chance, noch irgendwas zu antworten. Was aber auch gut ist, denn ich denke gerade an den armen Tonmann, bei dem alle drei Stimmen gleichzeitig zusammenlaufen. Ich weiß jetzt schon: Das klingt wie die Muppet Show.

Alle um uns herum müssen lachen, denn das komplette Interview gerät durcheinander. Oma Mia rechts ist inzwischen ganz auf meinem Schoß gelandet, weil sie sich nirgendwo mehr festhalten kann. Wir müssen das Interview unterbrechen.

Das Fernsehteam hat aber noch den letzten Wunsch, einen kurzen Slot zu drehen, bei dem wir drei nur miteinander sprechen sollen, ohne in die Kamera zu blicken. Das hat Oma Maria aber nicht verstanden und denkt, wir werden noch mal fotografiert, und schaut stumm und professionell amüsiert in die Kamera. Oma Mia fragt, was los sei und warum wir jetzt keinen Ton mehr sagen würden.

»Wir können schon weiterreden«, entgegne ich ihr.

»Psst!«, kommt es von Oma Maria.

»Doch, Oma, wir sollen reden!«, erwidere ich.

»Hör auf zu zappeln und setz dein schönstes Lächeln auf!«, bestimmt Oma Maria.

»Nein, Oma, wir *sollen* uns miteinander unterhalten!«, sage ich und fange an zu lachen.

»Was ist los? Sprich lauter!«, ertönt es von Oma Mia.

»Wenn du nicht gleich still bist!«, flüstert Oma Maria zu mir.

»Oma!«, versuche ich es ein letztes Mal. »Es ist in Ordnung, dass wir reden. Das WOLLEN die sogar von uns, aber du musst ZU MIR schauen, NICHT in die Kamera.«

Dann passiert es. Oma Mia kippt voll auf mich drauf und lächelt mich ganz süß an. Oma Maria schaut ganz verwirrt und muss dann auch loslachen. Das Chaos hat seinen Höhepunkt erreicht.

Oma Mia: »Was soll denn der ganze Aufwand hier? Warum denn die Kameras?«

Mama: »Das ist für dich, weil du heute 100 geworden bist.«

»Ach, Mia hat Geburtstag?«, fragt Oma Maria ganz verwundert.

Nun beginnt der entspannte Teil des Geburtstags. Zurücklehnen, fein essen, feiern, ratschen und einfach nur genießen. Beide Omas schaffen es, wieder bis 1 Uhr nachts durchzufeiern. Wären die beiden nicht gewesen, ich wäre ja schon längst ins Bett gegangen.

Sonntag: Nach-Geburtstag

Die Omas schlafen alle beide bis zum Mittag aus. Late Check-out ist angesagt. Und wer so lange schläft, kann auch gleich mit einem Mittagessen in den Tag starten. Natürlich mit der üblichen Tasse Kaffee. Oma Mia kann sich inzwischen sogar merken, dass wir ihren 100. Geburtstag gefeiert haben.

Am Nachmittag fahren wir zu Nicks Familie aufs Land. Es gibt natürlich wieder Kaffee und Kuchen.

Oma Maria: »Ich schwitze!«

Anja: »Das kommt von deinen zwei Tassen Kaffee!«

Oma Maria: »Nein, die trinke ich doch jeden Morgen!«

Anja: »Genau, plus die zwei jetzt, macht vier! Da würde ich auch ins Schwitzen kommen!«

Oma Maria: »Nein, es ist einfach zu heiß heute!«

Anja: »Vielleicht bist du auch in den Wechseljahren?«

Oma Maria: »Meinst du wirklich? Gibt es das noch mal in meinem Alter?«

Anja: »Klar, von 100 zu 200!«

Oma Maria: »Ach, daher die seltenen Erfahrungsberichte!«

Wir beenden den Geburtstag mit einem tollen Foto mit mir und den beiden Omas über 100.

»Zusammen sind meine Omas 207 Jahre alt«, schreibt die Bild-Zeitung am Montag und platziert den Artikel gleich neben die Bestattungsanzeigen.

Was die sich wohl dabei gedacht haben?

Gut gebildet

Der Alltag kehrt wieder ein. Und nach und nach werden die ganzen Interviews veröffentlicht.

Anja: »Oma, hier schau mal! Du bist in Bild der Frau.«

Oma Maria: »Oh, *bilde die Frau*? Das finde ich aber gut, dass es eine Zeitschrift gibt, die Frauen bildet.«

Anja: »Oma – Bild! Der! Frau!«

Oma Maria: »Oh! Ach ja, toll! Und was ist mit den Männern?«

Anja: »Weiß nicht, die bleiben ungebildet. Es gibt keine ›Bild des Mannes‹!«

Oma Maria: »Du meinst, die sind nicht im Bilde? Die führen nur was im Schilde ...«

Glückskeks

Wir holen uns was vom Take-away-Chinesen inklusive Glückskeksen.

Anja: »Mach auf! Mach auf! Ich will sehen, was drinsteht!«

Oma Maria: »Ach, Anja-Spätzchen, ich hatte schon so viel Glück in meinem Leben. Ich esse nur den Keks!«

Anja: »Dafür musst du ihn aufmachen UND den Zettel vorlesen.«

Sie bricht den Keks entzwei und liest vor.

Oma liest vor: »Du bist cool!«

Anja: »Ich? Nee, das glaub ich jetzt nicht. Zeig her! Tatsächlich! DU bist cool!«

Der kleine Hunger

Abends fahren wir mit Papa an den See und genießen den Sonnenuntergang mit einem Bierchen in der Hand. Wir bestellen noch etwas zu essen, denn wie immer ist Omas Auge (sie hat ja nur noch eines) größer als der Mund.

Oma Maria: »Ich hätte gern eine Portion Nudeln mit Bolognese.«

Anja: »Okay, mir reicht Feta mit Olive, Tomate und etwas Brot!«

Zehn Minuten später.

Papa: »Für wen ist der Käse?«
Oma und Anja gleichzeitig: »Für mich, bitte!«
Anja: »Oma, *ich* hatte Feta und *du* Spaghetti!«
Oma Maria: »Mir reicht aber der Feta, hab keinen großen Hunger!«
Anja: »Wusste ich's doch! Ab jetzt bestellen wir nur noch das Gleiche!«
Oma Maria: »Dann kann ich aber nicht von den Nudeln probieren!«
Anja: »Aha, daher weht der Wind!«
Oma Maria: »Nee, nee, ich esse schon den Feta.« Ich schneide ihr den Feta klein, sie probiert einmal und sagt: »Ich hab keinen Hunger mehr!« Ich sage nichts mehr und genieße die Nudeln. Plötzlich starrt sie eindringlich auf meinen Teller. Also reiche ich ihr eine Gabel Nudeln.
Oma Maria: »Lecker!«
Anja: »Willst du noch 'ne Gabel?«
Und natürlich verputzt Oma den ganzen Teller Nudeln alleine!

Nick-Sitting

Papa fragt, ob ich am Spätnachmittag Oma-Sitting machen könnte. Eigentlich wollte ich nach der Arbeit gleich zum Yoga, deshalb schaffe ich es nicht, auf Oma aufzupassen. Ich bitte Nick, ob er sich nicht einen lustigen Abend mit Oma machen möchte. Er möchte sehr gerne und freut sich schon auf sie. Im Grunde ist es einfach, denn nach der Tagesschau sieht sie am liebsten eine Dokumentation auf Arte.

Als ich um zehn Uhr abends wieder nach Hause komme, sehe ich meinen schlafenden Verlobten auf der linken Seite des Sofas liegen und auf der rechten eine im Sitzen eingeschlafene Oma. Na, das war ja dann wohl eher ein leichtes Spiel für Nick und ein entspannter Abend für Oma. Auf dem Couchtisch liegen eine offene Schachtel mit Pizzaresten und eine leere Chipstüte. Bier ist auch keines mehr im Kühlschrank. Also, wenn ich es nicht besser wüsste, würde ich behaupten, die beiden haben hier eine richtig lustige Party veranstaltet.

Oma bemerkt mich als Erste und richtet sich blitzschnell auf.

Oma Maria: »Anja-Spätzchen, du bist schon wieder da? Das ging aber schnell.«

Nick: »Oh, ich hab dich gar nicht gehört …«

Anja: »Hattet ihr denn einen schönen Abend?«

Oma Maria: »Oh ja, sehr!« Und grinst über beide Ohren.

Später frage ich Nick: »Und wie war es? Irgendwelche Besonderheiten?«

Nick: »Nein, alles gut. Kann ich gerne mal wieder machen.«

Papa ruft mich am nächsten Morgen an, um mir zu berichten, was Oma ihm auf dem Heimweg erzählt hat.

Oma Maria: »Also, ich kann das gerne mal wieder machen.«

Papa: »Was meinst du?«

Oma Maria: »Na, auf den Nick aufpassen! Der Arme. Ich kann das wirklich verstehen, dass man nicht gerne alleine ist. Anja hat so viel zu tun, da sollte der Nick abends nicht alleine sein und auf sie warten.«

Papa, erstaunt: »Aha.«

Oma Maria: »Ja, ich habe auch gesagt: Wir lassen Pizza kommen, denn der Junge braucht ja was Richtiges zu essen.«

Papa: »Mensch, Mutter, das ist ja wunderbar. Ich werde Anja gleich sagen, dass sie da nächstes Mal auch auf deine Hilfe zählen kann.«

Oma Maria: »Ja, mach das. Es war auch gar nicht so schwer, denn er ist gleich eingeschlafen.«

Resturlaub

Dieses Jahr ist der Sommer besonders heiß, weshalb wir im Wohnzimmer auf der Couch sitzen bleiben, quatschen und Papa beim Küchenaufräumen zuschauen. Zwischendurch kommentiert Oma natürlich fleißig, wo was hingehört. Ich lenke sie ab, damit Papa in Ruhe weitermachen kann.

Anja: »Wer ist eigentlich dein Lieblingsdichter?«

Oma Maria: »Goethe mag ich gern.«

Anja: »Wieso?«

Oma Maria: »Der hat mal so was gesagt wie: ›Hast

du einen Menschen gern, so musst du ihn versteh'n und nicht nur seine Fehler seh'n.‹«

Anja: »Da hat Goethe recht! Papa, is' egal, ob heute die Küche glänzt oder nicht!«

Oma Maria: »Morgen ist auch noch ein Tag.«

Papa: »Ich fühle mich unter Druck gesetzt.«

Anja: »Du könntest ja fragen, ob dich Oma einen Tag beurlaubt!«

Oma Maria: »Nee, sein Urlaub ist schon aufgebraucht – für die nächsten zwei Jahre ...«

Wer suchet, der findet

Anja: »Oma, was suchst du denn die ganze Zeit in deiner Tasche?«

Oma Maria: »Mein Geld! Es soll bei der Hitze ja nicht verschimmeln!«

Prost!

Gegen Spätnachmittag bewegen wir drei uns wegen der Hitze in Zeitlupe vor die Tür, mit dem festen Ziel im Auge: ab an den See. Der aufmerksame Leser merkt, wir machen das sehr gerne. Wir trinken Bierchen, also Oma – Papa und ich gönnen uns ein Wasser, was Oma nicht so lustig findet, denn am liebsten macht sie immer das Gleiche, was wir auch machen.

Papa: »Ich bin der Fahrer! Ich darf nichts trinken.«

Oma Maria: »Anja-Spätzchen, was ist mit dir?«

Anja: »Heute kein Anstiften zum Alkohol!«

Oma Maria: »Dann trinke ich noch zwei Schlückchen für euch!«

Eine halbe Stunde später.

Oma Maria: »Ich muss zur Toilette. Aber ich muss nicht gleich gehen.«

Anja: »Wieso nicht?«

Oma Maria: »Na, wenn du keine Zeit hast …«

Anja: »Wieso? Hab ich doch gar nicht gesagt. Außerdem: Du hast noch gar nicht gefragt gehabt!«

Oma Maria: »Aber ich hab's gesagt!«

Anja: »Ja, und jetzt?«

Pause.

Oma Maria: »Und es ist ja etwas weiter bis zum Café! So über den Steg …«

Anja: »Ja … Und? Jetzt?«

Pause.

Oma Maria: »Außerdem geh ich doch so ungern auf fremde Toiletten!«

Anja: »Okay, Oma, und wenn ich euch vorher miteinander bekannt mache?«

Oma Maria: »Gute Idee! Gehen wir! Schnell!«

Anja: »Jetzt? Sofort?«

Oma Maria: »Hast du Zeit?«

Anja: »Für was?«

Oma Maria: »Haha! Veräppele nur eine alte Frau, die Notdurft hat!«

Anja: »Die Nummer mit dem Alter zieht bei mir nicht, die Not schon! Los geht's!«

Back to the future

Ich sitze am Schreibtisch und schreibe, Nick repariert eine Lampe, und Oma liest Zeitung. Plötzlich schaut sie auf.

Oma Maria: »Machst du Hausaufgaben?«

Anja: »Wie meinst du das?«

Oma Maria: »Gehst du nicht zur Schule?«

Anja: »Oma, nicht nur du wirst älter. Ich geh schon lang nicht mehr zur Schule.«

Oma Maria: »So langsam merke ich, dass ich alt werde.«

Nick: »Wieso?«

Oma Maria: »Ich kann mir irgendwie nicht mehr alles merken.«

Anja: »Ich doch auch nicht.«

Oma Maria: »Aber ich begreife nicht mehr so die Zusammenhänge.«

Nick: »Ist das nicht eher ein Zeichen der Jugend? Die kennen doch auch noch nicht alle Zusammenhänge.«

Oma Maria: »Oh, das finde ich aber gut. Da fühle ich mich gleich wieder jünger!«

Was ist Glück?

Anja: »Oma, was glaubst du, ist Glück? Weißt du das am Ende deines Lebens?«

Oma Maria: »Na, wer weiß schon, ob es das Ende ist?«

Anja: »So meine ich das nicht! Wenn du so auf dein langes Leben zurückblickst?«

Oma Maria: »Ich glaube, dass ich die richtigen Menschen um mich gehabt habe, die es gut mit mir meinen, und dass mein Vater ein Freigeist war.«

Anja: »Und so allgemein?«

Oma Maria: »Was glaubst *du* denn, was Glück ist?«

Anja: »So alt bin ich ja noch nicht, aber ich glaube, jeder findet sein eigenes Glück. Ich habe hier noch Fragen zu einem Interview für ein Frauenmagazin vorliegen. Wollen wir die mal zusammen durchgehen? Vielleicht kommen wir damit der Frage, was Glück noch ist, ein wenig näher.«

Oma Maria: »Oh ja, sehr gerne.«

Anja: »Was macht dir gute Laune und bringt dich zum Lachen?«

Oma Maria: »Das Leben an sich. Es gibt so viel Schönes zu entdecken. Im Speziellen: Eis mit Sahne oder Eierlikör. Und deine schönen Blumen hier. Apropos: Gibt es denn noch Eis?«

Nick: »Ja, klar, ich bringe euch eins.«

Anja: »Wie wichtig ist dir eine positive Lebenseinstellung?«

Oma Maria: »Das ist das Allerwichtigste. Was

bringt es einem, die Dinge anders zu sehen, wenn nicht positiv? Man kann in allem das Gute finden. Man muss nicht alle Fehler kritisieren und sollte über sich selbst nachdenken. – Gibt es denn keine Sahne?«

Anja: »Und die Frage hatten wir schon mal ... Du siehst jünger aus, als du bist. Wie machst du das?«

Oma Maria: »Ich wurde immer jünger geschätzt. Vielleicht weil ich gern flotten Schrittes unterwegs bin. Das habe ich von meiner Mutter. Die war auch so schnell. Und wenn du heute zu mir sagst, ›Mach mal langsamer!‹, dann höre ich, wie ich das früher immer zu meiner Mutter sagte.«

Anja: »Oh, diese Frage finde ich auch gut ... Warum sollte niemand Angst vor dem Alter haben?«

Oma Maria: »Es ist wichtig, dass man gesund und zufrieden alt wird. Ich habe keine Angst vorm Alter, denn andere Leute werden ja auch alt.«

Anja: »Und *du* brauchst jetzt eh keine Angst mehr vor dem Alter zu haben.«

Oma Maria: »Das Herz bleibt doch immer gleich. Das sollte kein Alter kennen.«

Anja: »Frau Fritzsche, würden Sie irgendwas in Ihrem Leben anders machen?«

Oma Maria: »Das kann ich auf Anhieb nicht sagen. Ich habe mein Leben immer so eingestellt, dass ich gesund bleibe. Ich versuche schon im Vorfeld darüber nachzudenken, wie ich etwas richtig machen oder im Nachhinein auch verbessern kann. Die schönen Dinge behält man im Herzen, und wenn etwas nicht richtig war – der liebe Gott wird's schon richten. Es hat alles seinen Sinn, auch wenn man es nicht immer sofort verstehen kann.«

Selbsterkenntnis

Abends schaut Oma die Tagesschau, isst Plätzchen und trinkt Kaffee. Als sie fertig ist, schaut sie an sich herunter und sagt: »Oh, was hab ich nur für 'ne Wampe bekommen?«

Ich antworte mal nicht.

Oma Maria, vor sich hermurmelnd: »Na ja, wenn ich stehe, ist es besser!«

Alte Socken

Schlafenszeit. Ich begleite Oma zu ihrem Bett. Sie legt sich schon die frischen Kleidungsstücke für morgen zurecht. Ich schaue auf ihre alten Socken, die sie jetzt schon seit einer Woche anhat.

Anja: »Oma, willst du nicht mal andere Socken anziehen?«

Oma Maria: »Nein. Die helfen mir nämlich. Die stehen schon von alleine.«

Dankeschön

Oma schaut fröhlich. Sagt nichts, schaut sich im Garten um und mich wieder strahlend an.

Anja: »Was ist los, Oma?«

Oma Maria: »Ich bin glücklich, einen Menschen wie dich zu haben, der mich so sehr liebt und so viel für mich macht. Ich danke dir dafür sehr, mein Spätzchen.«

Anja: »Aaaawwwww …« Und ich drücke Oma ganz fest.

Berlin

Mit dem Handy checke ich mehrmals am Tag unsere Facebook-Seite, benutze wegen jeder Kleinigkeit WhatsApp und recherchiere etwas sofort im Internet, wenn ich mir nicht mehr sicher bin. Kurz: Das Handy ist dauernd in Aktion. Natürlich ist das sehr praktisch und wichtig, wenn es um die Omas geht oder die Arbeit, aber ich merke, diese Abhängigkeit gefällt mir immer weniger. Also mache ich mein Handy einfach mal aus. Ich bin gespannt, wie lange ich das aushalte.

Meine Eltern sind zusammen mit den Omas nach Berlin gefahren. Ich weiß also: Denen geht es gut. Für den Rest gibt es noch den E-Mail-Account und das Festnetztelefon. Bald habe ich tatsächlich vergessen, dass es da ist. Alle Verabredungen funktionieren wie geschmiert. Einmal Zeit und Ort ausgemacht, muss ich mich und auch der andere daran halten.

Diese Stille ist wunderschön. Zehn Tage später beschließe ich spontan, nach Berlin nachzufliegen. Und warum? Ich bin überhaupt nicht abgelenkt und mit meiner Arbeit eher fertig geworden als geplant.

Anja: »Papa, ich komme heute Abend um 20 Uhr an Terminal C an.«

Papa: »Willste dein Handy nicht doch mitnehmen?«

Anja: »Nein, Papa, das hat bis jetzt wunderbar geklappt! Was soll denn schon schieflaufen?«

Ich komme an Terminal C an, und weit und breit ist niemand zu sehen, der mich abholt. Es vergehen 20 Minuten, 30, 40 – das kann doch nicht sein? Ich checke noch mal das Terminal, doch alles ist richtig. Es wird doch nichts passiert sein? Wo gibt es denn hier eine Telefonzelle? Egal, ich habe sowieso vergessen, Papas Handynummer aufzuschreiben – denn auswendig kann ich sie natürlich nicht.

Typisch. Es wäre auch zu schön gewesen. Also krame ich mein Handy aus der Tasche und rufe Papa an. Klar habe ich es mitgenommen. So weit reicht mein Vertrauen dann doch nicht. Mama hebt ab, und ich höre: »Anja, warte mal kurz …«, und dann Oma Mia im Hintergrund lallen: »Mir ist schlecht, ich muss brechen …«

Mama: »Warte! Ich mach das Fenster auf. Jochen, können wir bitte anhalten?«

Papa: »Hier gibt es keinen Standstreifen.«

Oma Maria von hinten: »Bitte Fenster zu! Es zieht. Ich werde noch krank.«

Papa: »Mia ist schon krank. Ihr ist doch schlecht, Mutter!«

Oma Maria: »Oh, das wusste ich nicht. Hat mir keiner gesagt!«

Anja: »Hallloooo? Mag vielleicht noch jemand mit mir reden?«

Keine Antwort. Es wird im Auto weiterdiskutiert. Spätestens jetzt weiß ich, das wird eine heitere Woche. Und natürlich müssen mich auch alle zusammen abholen. Die Damen wollen natürlich nicht den Mann alleine fahren lassen. Wer weiß, ob er den Weg findet!

Mama: »Wo stehst du denn?«

Anja: »Ah, meinst du mich? – Ja, also immer noch an Terminal C!«

Mama: »Wir kommen, so schnell es geht. Lässt du bitte dein Handy an.«

Anja: »Na klar.«

Eine Stunde später.

Ich warte immer noch an Terminal C. Endlich! Ganz langsam kommen 350 Jahre angefahren, und trotz der ewigen Warterei freue ich mich wirklich sehr, alle wiederzusehen. Oma Mia sitzt vorne und ist kreidebleich. Oma Maria sitzt hinten und ist gut drauf: »Anja-Spätzchen, schön dich zu sehen. Jetzt seh ich auch mal den Bahnhof von Berlin.«

Anja: »Hallo, Oma, das ist aber der Flughafen!«

Oma Mia: »Jetzt hört mal auf zu quatschen. Ich muss brechen.«

Oma Maria: »Anja, wir müssen jetzt leise sein, ihr geht's nicht gut.«

Anja: »Mama, was ist denn los mit ihr? Dass sie brechen muss, sagt sie ja schon seit einer Stunde.«

Mama: »Sie hat in einer unbeobachteten Minute den Kartoffelsalat entdeckt und alles alleine aufgegessen. Sie wird nicht brechen, und bald müsste es auch besser werden.«

Wir dürfen nur flüstern. Verfahren uns viermal trotz Navi und finden dann endlich den richtigen Weg in Richtung Berlin-Brandenburg. Wir wohnen alle zusammen in einer Ferienwohnung in der Nähe von Oma Mias Sohn.

»Sind wir schon da?«, fragt Oma Mia wieder alle fünf Minuten.

Anja: »Ja, wir haben es gleich geschafft.«

Mama: »Schau mal nach rechts, da steht eine wunderschöne Kirche.«

Anja: »Mama, ist doch dunkel draußen. Ich seh nix.«

Papa: »Den Blitz hatten wir leider schon auf der Hinfahrt.«

Mama: »Jochen ist zu schnell gefahren und in eine Radarkontrolle gerauscht!«

Anja: »Toll! Euer erstes Gruppenfoto!«

Oma Maria: »Oma Mia hat aber nicht gelacht.«

Endlich kommen wir in der Wohnung an, und zum Glück geht es auch Oma Mia wieder besser. Überall in den Zimmern liegen Zettel auf dem Boden und auf den Tischen verteilt. Da die Omas sich wieder an eine neue Umgebung gewöhnen müssen, brauchen beide Orientierungshilfen. »Toilette rechts«, »Hier Licht«, »Sind in Berlin«, »Hier Tasche ablegen«, »Schmuck kontrollieren« et cetera. Alles klar! Mir braucht keiner mehr was zu erklären, ich bin auf einen Schlag im Bilde.

Ich teile mir das Zimmer mit Papa und Oma Maria und schlafe auf einem Beistellbett in einer Nische. Wie immer gilt für die beiden Mitschläfer: Schnarchverbot! Das funktioniert die erste Stunde ganz gut, bis ich vor der Schlafzimmertür höre, dass Oma Mia zur Toilette muss. Ich helfe ihr natürlich und schleiche leise raus. Was gar nicht nötig ist, denn kaum bin ich wieder zurück, muss Oma Maria raus. Das geht so dreimal in der Nacht.

Im Morgengrauen, als ich endlich merke, der Schlaf könnte mich jetzt auch erwischen, fangen Papa und Oma an zu schnarchen. Ich schaue auf die Uhr.

6:00 Uhr

Tief durchatmen, das wird schon. Und nach einer Stunde schlafe ich noch mal kurz ein, bis ich einen Wecker läuten höre.

8:30 Uhr

Papa steht früh auf, weil er einen Termin hat, und wir besprechen den Tag beim Frühstück.

10:00 Uhr

Mama steht auf, und ich erzähle ihr, was heute ansteht. Zweiter Kaffee und noch ein paar Bissen. Sie fährt einkaufen. »Lass dir nur Zeit«, meine ich zu ihr. »Ich bin ja jetzt da.« Und will mich wieder hinlegen. Aber nein, das geht nicht, denn es ist inzwischen:

11:00 Uhr

Oma Maria steht auf. Ich mache ihr das Frühstück.

Oma Maria: »Hast du keine Lust, was zu essen, Spätzchen?«

Anja: »Danke, ich hatte schon.«

Oma Maria: »Aber so alleine frühstücken macht mir keinen Spaß.«

Anja: »Aber ich sitze doch dabei.«

Oma Maria: »Aber dann hört man mein Schmatzen so laut.«

Anja: »Haha, na gut, dann mache ich mir einen Tee und schlürfe ganz laut mit.« Natürlich esse ich wieder den ein oder anderen Happen mit, denn in geselliger Runde isst es sich ja quasi von alleine. Oma Maria legt sich noch mal hin, damit sie fit genug für den Ausflugsnachmittag nach Berlin-Mitte ist. Und ich bin jetzt wirklich pappsatt.

12:30 Uhr

Ich helfe Oma Mia beim Waschen, Zur-Toilette-Gehen und Anziehen. In Zeitlupe, versteht sich. Und mache ihr das Frühstück.

Oma Mia: »Wo sind denn alle?«

Anja: »Ausgeflogen. Maria hat sich noch mal hingelegt.«

Oma Mia: »Und du frühstückst nichts?«

Anja: »Nein, tut mir leid, Omma, das wäre dann mein viertes Frühstück.«

Oma Mia: »Bleibt mehr für mich.«

Mit Oma Mia muss ich sehr laut reden, weil sie nicht mehr so gut hört. Das wiederum lockt Oma Maria wieder aus dem Bett – sie könnte ja was verpassen. Beide quasseln fröhlich durcheinander und um die übliche, zehnmal gestellte Frage »Was machen wir heute?« elegant zu umgehen, machen wir alle zusammen ein Rätsel.

13:30 Uhr

Mama kommt vom Einkaufen zurück.

Mama: »Will jemand Mittagessen?«

Anja: »Nee, bitte nicht.«

Oma Maria: »Komisch, warum hab ich keinen Hunger?«

Oma Mia: »Ich würde Mittag essen.«

Anja: »Wir haben gerade erst gefrühstückt.«

Oma Mia: »Ach, ich auch? Das macht nichts.«

Oma Maria: »Wann fahren wir denn?«
Oma Mia: »Gibt es noch Kartoffelsalat?«
Es reden alle gleichzeitig, und das Mittagessen wird auf später verschoben.

14:00 Uhr

Papa ist wieder zurück. »Und, Anja, alles klar?«
Oma Maria: »Natürlich. Alle Klarheiten beseitigt!«

14:30 Uhr

Wir fahren nach Berlin-Mitte. Bis wir allerdings abfahren können, vergeht natürlich wieder Zeit.
»Wo ist meine Sonnenbrille?«
»Nein, ich möchte die andere Jacke mitnehmen!«
»Warum hat Maria eine Halskette an und ich nicht?«
»Ich will auch einen Pullover anziehen!«
»Brauchen wir nicht doch den Rollator?«
»Wo ist mein Stock?«
»Jochen, hast du die Notfall-Windeln dabei?«
»Wo ist Omas Handtasche?«
»Willst du nicht vorne sitzen, Mama?«
»Oma Mia kommt besser zu Anja und Oma Maria nach hinten.«
»Papa, STOP!!! Oma Mia hat wieder ihr Esszimmer vergessen!!!«
Und ich laufe noch mal in die Wohnung, um Omas Zähne zu holen.

15:00 Uhr

Wir fahren endlich los. Oma Maria ist aufgeregt wie ein kleines Kind, und auch sie hat wie immer ihre Handtasche im Zimmer vergessen. Oma Mia schläft sofort im Auto ein.

Oma Maria: »So wie Oma bin ich ja nicht. Ich merk noch alles.«

Kurze Denkpause.

Oma Maria: »Ist auch nicht immer gut! Hihi.«

Anja: »Haha! Wo ist denn dein Geldbeutel?«

Oma Maria: »Oh! Wo ist der? Weg? Hab ich nicht gemerkt!«

Anja: »In deiner Tasche vielleicht?«

Oma Maria: »Wo ist meine Tasche?«

Anja: »Ja, genau! Wo ist die?«

Oma Maria: »Eine von uns beiden sollte das schon wissen.«

Und Oma kommentiert die ganze Fahrt lang, was sie rechts und links so sieht.

Oma Maria: »Wo fahren wir eigentlich hin?«

Anja: »Berlin-Mitte.«

Oma Mia wacht langsam auf: »Wohin fahren wir?«

Alle gleichzeitig: »BERLIN-MITTE!!!«

Oma Maria: »Wird Zeit, dass es regnet.«

Anja: »Jetzt scheint doch endlich mal die Sonne.«

Oma Maria: »Jochen, fahr bitte langsamer.«

Anja: »Papa, Oma möchte NOCH länger leben.«

Oma Mia: »Meine Hose ist zu eng.«

Mama: »Anja, welche Hose hast du ihr denn angezogen?«

Anja: »Die, die sie immer anhat bei Ausflügen.«

Oma Maria: »Wohin fahren wir denn?«

Anja: »Berlin-Mitte. Hab ich schon gesagt!«

Oma Maria: »Hab ich nicht verstanden, ist so laut hier im Auto.«

Anja: »Haha. Du und deine Ausreden.«

Papa: »Mutter, du weißt ja, warum der Teufel seine Großmutter erschlagen hat?«

Oma Maria: »Nein, warum?«

Anja: »Weil die keine Ausrede mehr hatte!«

Oma Mia: »Bitte etwas Luft.«

Oma Maria: »Es zieht!«

So in etwa stelle ich es mir mit Kindern vor.

Oma Maria: »Guck mal, die alten Kreuze da hinten. Da steht drauf, die sind von 1914! Die sind toll erhalten. Sieht man mal, wie lange so etwas hält.«

Anja: »Sieht man ja an dir, Oma.«

Oma Maria: »Haha, du bist gut!«

Oma Mia: »Wohin fahren wir?«

Berlin-Mitte. Clärchens Ballhaus. Hier könnte man auch Tango tanzen.

Wir sitzen draußen. Es gibt Pizza für Oma Maria, weil sie UN-BE-DINGT eine wollte. Oma Mia *bekommt* nur Salat, weil sie den Kartoffelsalat von gestern noch verdauen muss. Und alle anderen *wollen* nur einen Salat. Oma Maria zieht ihren berühmten Schmollmund, weil sie merkt, dass sie als Einzige etwas anderes bestellt hat.

Oma Maria: »Warum bekomme ich keinen Salat?«

Anja: »Weil du Pizza wolltest. Hier, ich habe sogar noch ein Foto davon.«

Oma Maria: »Komisch.«

Alle haben ihr Gericht gegessen.

Oma Mia: »Ich bin nicht satt.«

Papa: »Noch ein Milchkaffee für dich, Mia?«

Oma Mia: »Ja, bitte!«

Papa schaut noch zu seiner Mutter rüber und bestellt: »Herr Ober, zwei Milchkaffee, bitte!«

Oma Maria lächelt wieder, als sie auch einen Milchkaffee vor die Nase gestellt bekommt.

Papa: »Wer zahlt?«

Anja: »Ich! – Ich hab schließlich Omas Handtasche mit ihrem Geldbeutel.«

Leider wird es allmählich zu kalt, und die Omas wollen weiter.

Anja: »Wollen wir nicht noch beim Tanzen zusehen?«

Oma Maria: »Nein, lieber noch was von der Stadt sehen. Ich war ja noch nie in Berlin!«

Anja: »Stimmt, das habe ich jetzt ganz vergessen!«

Oma Maria: »Wir stecken doch langsam an, nicht wahr?«

Nach einer ausgiebigen Stadtrundfahrt und tausendmal »Fenster auf«, »Fenster zu« fahren wir nachts alle glücklich zurück.

Das Bonbon

Nach einem anstrengenden Ausflugstag in den Berliner Westen liegen Papa und ich bereits todmüde im Bett – auch Oma Maria, nur ist sie noch megaaufgekratzt.

Oma Maria: »Worauf warten wir denn?«

Papa: »Darauf, dass du endlich schläfst.«

Oma Maria: »Oh. Ach so. Bekomm ich noch ein Bonbon?«

Wir sind schon fast eingeschlafen und nicht mehr fähig, ihr zu antworten. Also kramt sich Oma selbst eines aus der Tasche.

Oma Maria: »Ah, hier ist eins. Möchte noch wer?«

Papa: »Nur weiter so, dann sind wir morgen früh erst eingeschlafen.«

Oma Maria: »Das Bonbon ist lecker.«

Anja: »Oma, du sollst schlafen.«

Oma Maria: »Ist nicht so süß.«

Anja: »Oooommaaa!«

Oma Maria: »Meine Nase juckt.«

Anja: »Oooooooommaaaaa!«

Oma Maria: »Ah, wir müssen still sein. Anja will schlafen.«

Papa: »*Wir?*«

Anja: »Ja, genau, Papa. Red nicht so viel.«

Oma Maria: »Oh, Jochen, nicht gut. Jetzt ist das Spätzchen verärgert.«

Anja: »Müde, Oma! Nur müüüüde.«

Oma Maria: »Schmatz, schmatz.«

Nix los hier!

Ein sonniger Mittwoch beginnt. Heute gibt es kein Frühstück – ich koche gleich Mittagessen für die Omas, weil sie so lange geschlafen haben. Wir essen zusammen, und danach besuchen wir den Reiterhof meines Onkels. Es folgt die gegenseitige Bewunderung der »alten« Gäule, und Oma Maria hat sich in das putzige Pony Hugo verliebt. Es sei so schön klein wie sie selbst. Wir gehen weiter zu den großen Pferden.

Oma Maria: »Ist das ein Männchen?«

Anja: »Guck mal nach!«

Oma Maria: »Ich weiß nicht! Guck du doch mal nach, ob es ein Schwänzchen hat?«

Anja: »Und wenn es zwei hat?«

Oma Maria: »Hihi!«

Sie überlegt kurz.

Oma Maria: »Ach so, ja, der Pferdeschwanz!«

Danach fahren wir nach Caputh zum Kaffeetrinken im Fährhaus. Oma Mia bekommt ein riesiges Stück Pflaumenkuchen mit Sahne, und danach will sie noch ein Erdbeereis. Was das für Folgen haben wird, werden wir noch erleben.

Albert Einstein hat hier in einem Häuschen etwas oberhalb der Havel seine Sommer verbracht. Das ist für die Omas nicht so spannend, aber für uns »Kinder« schon.

Oma Maria: »Was gibt es denn hier zu gucken?«

Oma Mia: »Ich glaube, dat ist dat Haus von Albert Einstein.«

Oma Maria: »Sind ja alle Fensterläden zu. Nix los bei dem Herrn.«

Oma Mia: »Fahren wir weiter.«

Anja: »Wohin denn?«

Oma Mia: »Ja, ich weiß auch nicht. Wo mehr los ist!«

Oma Maria: »Oh ja, da wär ich auch dabei.«

Anja: »Na, ihr beiden habt euch heute wohl zusammengetan. Na, dann mal los. Papa, die Omas wollen Action!«

Jetzt ist was los

Geplant ist ein Besuch am Brandenburger Tor mit anschließender Bootsfahrt auf der Spree. Doch plötzlich bekommt Oma Mia ausgerechnet am Brandenburger Tor Durchfall. Das war's dann wohl mit dem geplanten Ausflug. Und Pflaumenkuchen mit Sahne gibt es auch nicht mehr. Von jetzt an heißt es nur noch Zwieback, und auch den in Maßen.

Bevor die Rentnertruppe von der Großstadt aber wieder aufs Land zurückfährt, lassen sie mich Unter den Linden aussteigen, denn ich bin noch in der Stadt verabredet.

»Wie, dat Spätzken fährt nicht mit uns heim?« Beide Omas schauen ganz enttäuscht. Kaum steige ich aus dem Auto, fängt Oma Maria an zu stöhnen.

Oma Maria: »Es zwickt ganz dolle unterhalb der Brust. Au! Au! Au! Das fühlt sich nicht gut an.«

Anja: »Oma! Das kann doch nicht sein?«

Oma Maria: »Doch, doch, ich sag das nicht nur so!«

Anja: »Ausgerechnet, wenn ich aussteigen möchte?«

Oma Maria: »Man kann es sich nicht aussuchen, wann das Leben was mit einem vorhat!«

Anja: »Da hast du recht!«

Was vielleicht nicht, aber mit *wem*. Und das müssen meine Eltern jetzt alleine meistern. Zum ersten Mal seit einer Woche bin ich von meinen Omas für einen Abend getrennt. Fühlt sich tatsächlich komisch an. Nach einer Stunde textet mir Papa eine Nachricht: »Oma hat wieder Schmerzen, wir holen einen Arzt.« Anja: »Soll ich kommen?« Papa: »Nein, wir schaffen das schon.« Nach einer weiteren Stunde schreibt Papa: »Alles wieder gut, wir brauchten doch keinen Arzt, die Schmerzen sind weg.«

Auf meinem Rückweg sitze ich in der S-Bahn und schaue wieder auf mein Handy. Die letzte gute Nachricht kam vor zwei Stunden. Jetzt ist es weit nach Mitternacht. Dann schlafen wohl beide Omas friedlich – aber eigentlich glaube ich das nicht wirklich.

Papa holt mich von der Bahn ab und meint: »Mutters Schmerzen kommen jede Stunde wieder. Nur hier draußen gibt es leider keinen Arzt, der Hausbesuche macht. Wir müssten ins Krankenhaus, und das will sie nicht!«

Wieder angekommen in der Wohnung, höre ich auch schon, wie Oma Maria im Bett liegend zu Papa sagt: »Warum muss das Spätzchen eigentlich noch so spät durch die Nacht spazieren?«

Papa: »Du, Mutter, sie ist alt genug, die kann machen, was sie möchte.«

Oma Maria: »Ja, und? Ich bin 107, und ich liege auch schon im Bett. Soll sich mal an mir ein Vorbild nehmen!«

Ich muss sehr schmunzeln und trete zu ihr ans Bett.

Anja: »Na, Oma, noch wach? Wie geht es dir?«

Oma Maria: »Jetzt, wo du da bist, viel besser.«

Anja: »Verstehe! Du hattest also nur *Trennungsschmerzen.*«

Oma Maria: »So kann man es auch nennen.«

Leider sind es keine Trennungsschmerzen. Um vier Uhr nachts beschließen wir, ins Krankenhaus zu fahren. Also, Papa und ich bestimmen das, Oma ist immer noch dagegen.

Oma Maria: »Im Krankenhaus wollen sie mich doch nur operieren!«

Papa: »Na, so schnell geht das auch nicht. Erst mal müssen die wissen, was dir fehlt.«

Oma Maria: »Ich habe jetzt gar keine Schmerzen mehr!«

Anja: »Oma, das ist jetzt wie mit deinen Zahnarztbesuchen. Kaum musst du dahin, ist alles wieder gut.«

15 Minuten später fahren wir in der Klinik vor, und ich schleiche mit Oma am Stock zur Notaufnahme. Dort schauen uns zwei Bereitschaftsmenschen nur müde an.

Anja: »Bin ich hier richtig in der Notaufnahme?«

Bereitschaftsdienst: »Ja.«

Anja: »Und jetzt?«

Bereitschaftsdienst: »Hamse 'ne Versichertenkarte dabei?«

Anja: »Ja, mein Vater. Der holt sie aus dem Auto.«

Bereitschaftsdienst: »Dann warten Se draußen im Warteraum.«

Anja: »Das ist alles? Kein ›Was hat sie?‹ oder ›Können wir helfen‹?«

Bereitschaftsdienst: »Erst die Karte.«

Oma Maria: »Komm, Anja-Spätzchen, reg dich nicht auf! Die sind müde! Lassen wir sie weiterschlafen!«

Wir warten. Zehn Minuten später wird Oma behandelt. Dann warten wir eine gute Stunde auf die Ergebnisse. Oma ist putzmunter und quasselt in einer Tour. Mit uns im Warteraum ist noch ein weiterer Patient, anscheinend mit schrecklicher Migräne.

Oma Maria, laut: »Also, dass ich jetzt noch ins Krankenhaus muss, hätte ich ja nicht gedacht.«

Anja, leise: »Oma, du musst etwas leiser sein. Der Herr da drüben hat ganz schlimme Migräne. Der übergibt sich sonst gleich.«

Oma Maria: »Oh, das tut mir aber sehr leid.« Sie dreht sich zu ihm um und spricht ihn direkt an: »Sie haben Migräne? Das tut mir aber leid.«

Anja: »Oma! NICHT ansprechen. Er braucht Ruhe.«

Oma Maria: »Also, da könnte ich dir ja eine Geschichte von meiner Mutter erzählen, die …«

Anja: »Oma! Einfach mal den Mund halten.«

Oma Maria: »Das sagst du so leicht …«

Die Ärztin hat bei ihr Verdacht auf Gallengries diagnostiziert. Oma bekommt eine Infusion, und die muss noch mal eine Stunde durchlaufen. Oma sollte versuchen zu schlafen, hat die Ärztin noch gesagt. Aber nein, sie redet fröhlich weiter. Ich könnte auf der Stelle einschlafen, darf aber nicht, weil ich beobachten muss, wie die Infusion durchläuft. Papa nickt auf dem Stuhl ein.

Oma Maria: »Das war eine nette Ärztin, die kam wie mein Vater aus Düsseldorf!«

Anja: »Stimmt, und jetzt schlafen!«

Oma Maria: »Aber es ist doch gerade so aufregend!«

Anja: »Was ist denn aufregend?«

Oma Maria: »Na, hättest du gedacht, dass wir die Nacht im Krankenhaus verbringen?«

Anja: »Eigentlich nicht. Und jetzt mach bitte die Augen zu.«

Und Oma macht zu meinem großen Erstaunen tatsächlich die Augen zu. Aber ich habe vergessen: Reden kann man auch mit geschlossenen Augen.

Oma Maria: »Gut, dass es Oma Mia schon wieder besser geht.«

Papa: »Mutter! Pssst!«

Oma Maria: »Also, in der Stadt tat sie mir ja wirklich leid. Hatte sie wirklich so viel Pflaumenkuchen?«

Anja: »Oma, wir sind hier im Krankenhaus und nicht in einer Talkshow!!!«

Und endlich, endlich schläft sie ein. Zehn Minuten bevor die Infusion ganz durchgelaufen ist und wir das Krankenhaus mit der Bitte, in Rosenheim sofort einen Arzt aufzusuchen, wieder verlassen dürfen. Da haben wohl beide Omas zu viel Kuchen und Eis gewollt. Und wie immer ist man im Urlaub nachlässiger mit dem Essen. Gut, dass beide Omas jetzt nur noch Zwieback essen dürfen, denn sonst hätte es wieder große Eifersuchtsszenen gegeben.

Abfahrt

Damit sind wir auch schon am Ende des Berlin-Aufenthaltes angekommen. Wir packen entspannt unsere Koffer und quetschen uns zu fünft mit Rollator und Gepäck in einen Kombi.

Anja: »Wie schnell darf ich denn fahren?«

Oma Maria: »Schön langsam, bitte.«
Papa: »Wir wollten schon noch heute ankommen.«
Mama: »Was das Auto hergibt.«
Oma Mia: »Ich will gar nicht heimfahren.«

Kurz vor München.

Oma Mia: »Wie lange dauert es noch?«
Anja: »Eine Stunde.«
Oma Mia: »Was ist eine Stunde?«
Anja: »Oh! Gute Frage, Omma! Wie erklär ich das?«
Oma Mia: »Ja, in Kilometern!«
Anja: »Ach so! 60 Kilometer!«

Jubel-Trubel-Heiterkeit

Am darauffolgenden Mittag klingelt mein Handy.

Anja: »Hallo, Papa, und? Alles gut bei euch? Oder rufst du etwa aus dem Krankenhaus an?«
Papa: »Mutter wollte, dass ich dich anrufe. Ich stell mal auf laut.«
Oma Maria: »Anja-Spätzchen, ich habe schon gefrühstückt und bin angezogen.«
Anja: »Super. Das freut mich, dass du wieder ohne Schmerzen bist.«
Oma Maria: »Ja, ich wollte dich fragen, was wir heute unternehmen?«

Anja: »Hahaha, leider nichts, denn ich muss wieder arbeiten.«

Oma Maria: »Ach, das ist aber schade. Ich dachte, wir sehen uns heute wieder.«

Papa: »Mutter! Mit Jubel-Trubel-Heiterkeit ist erst mal wieder Pause.«

Oma Maria: »Und für wie lange?«

Anja: »Hmmm, weiß nicht!«

Oma Maria: »Und wann fahren wir wieder weg?«

Anja: »Weiß ich gerade auch nicht.«

Oma Maria: »Ach, das macht doch nichts, Spätzchen. Ich habe ja Zeit.«

EPILOG

Eine Woche später finde ich den Zettel mit den Notizen zu Omas Geheimnissen wieder, den ich vor über fünf Jahren angefangen habe. »Rezept für ein langes und glückliches Leben« steht oben drüber.

- *Nur gesundes Heilwasser in der Kindheit getrunken*
- *Immer in Bewegung bleiben*
- *Gesunde Ernährung, viel Gemüse, Alkohol in Maßen*
- *Neugierig bleiben und Ziele haben*
- *Musik*

Ich ergänze:

- *guter Schlaf*
- *Lachen, sich selbst nicht so ernst nehmen*
- *mutig bleiben*
- *kalt duschen*
- *gute Gesellschaft hält jung*
- *auf die innere Einstellung kommt es an*
- *Reisen*
- *sich etwas wünschen*
- *immer mit dem Herzen dabei sein*

Was genau das Geheimnis eines langen und glücklichen Lebens ist, kann man sicherlich nicht auf einen Punkt bringen, denn es ist für jeden Menschen so individuell wie das Leben selbst.

In einem Punkt bin ich mir aber ganz sicher: Beide Omas sind nur deshalb so alt geworden, weil sie die tägliche Rundum-Pflege ihrer Kinder genießen. Ich sage aus tiefstem Herzen: Danke für so viel Liebe und Hingabe, denn nur durch meine Eltern ist es möglich, dass das lange Leben meiner Großmütter auch noch einen fröhlichen Sinn erhält.

Danke, Mama.

Danke, Papa.

Anja: »Und, Oma, was wünschst du dir dieses Jahr zum 108. Geburtstag?«

Oma Maria: »Dass ich ihn noch gesunden Geistes erlebe.«

DANKSAGUNG

Ich danke dir, Nick, dass du so viel Liebe und Geduld für meine doch irgendwie außergewöhnliche Situation mit meinen Omas zeigst. Sie nehmen viel Raum in meinem Leben ein, und diese Zeit hast du mir nicht nur gegeben, sondern auch mit mir geteilt.

Ich danke meinen Eltern, dass sie mir ein starkes Vorbild sind und so liebevoll und positiv mit ihren Müttern umgehen. Immer versuchen, das Beste aus der Situation zu machen.

Ich danke allen Nachbarn und Freunden von Oma Maria für die unzähligen Feste, Besuche und Aufmerksamkeiten – das hat uns alle munter gehalten.

Ich danke Frau Krishnabhakdi von den Ullstein Buchverlagen, dass sie unsere Seite auf Facebook entdeckt hat und wir dadurch noch ein Stückchen mehr Freude in die Welt hinaustragen können.

1912: mit zwei Jahren (rechts), mit Mutter, Schwester und Vater

1932: mit 22 Jahren

1936: mit 26 Jahren, Hochzeit mit Erwin

1962: mit 53 Jahren in Lloret de Mar

1968: mit 60 Jahren als Kaffeeköchin

1979: mit 70 Jahren mit Schwiegertochter Ute und Enkelkindern André und Anja

1985: mit 76 Jahren in Netzstrümpfen, bereit für den Tanzabend

2003: mit 94 Jahren beim Kochen ihres Lieblingsgerichts: Bratkartoffeln

2011: mit 101 Jahren in Rosenheim

2012: mit 102 Jahren, Besuch beim Bauerntheater

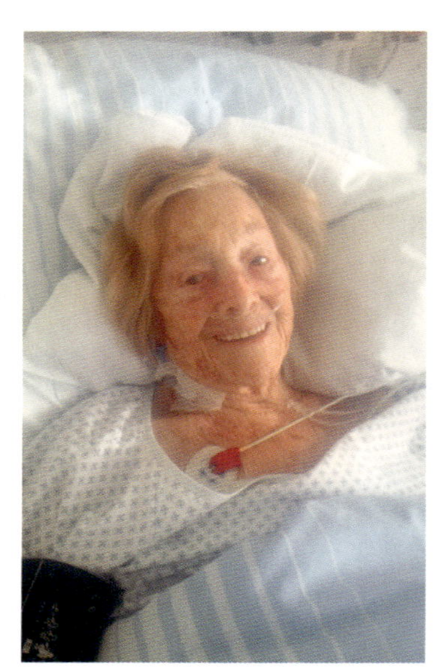

2013: mit 103 Jahren nach der Oberschenkelhalsbruch-OP

2013: mit 103 Jahren, vier Monate nach der OP

2013: mit 103 Jahren am Gardasee

2013: mit 103 Jahren im Simssee

2013: an ihrem 104. Geburtstag auf dem Sudelfeld

2014: mit 104 Jahren in Cochem

2014: mit 104 Jahren, mit Oma Mia (98 Jahre)

2014: mit 104 Jahren im chinesischen Stammlokal

2014: mit 104 Jahren, mit Schwiegertochter Ute und Oma Mia

2015: mit 105 Jahren in Malcesine

2015: mit 105 Jahren, Christopher Street Day in München

2015: mit 105 Jahren, Donaudampfschifffahrt

2015: mit 105 Jahren mit Oma Mia beim Einkaufen in Österreich

2015: an ihrem 106. Geburtstag

2016: mit 106 Jahren,
Treffen mit Manuel Neuer

2016: mit 106 Jahren auf Mallorca am Leuchtturm von Cap Formentor

2016: mit 106 Jahren in Südtirol

2016: mit 106 Jahren in der Zeitung

2016: mit 106 Jahren am Tegernsee

2017: mit 107 Jahren beim Spareribs-Essen

2017: mit 107 Jahren in Brenzone sul Garda

2017: mit 107 Jahren, mit Nick

2017: mit 107 Jahren bei einem Sommer-Spaziergang »auf dem Strich«

2017: mit 107 Jahren in Berlin, mit dem kleinen Pony Hugo

2017: mit 107 Jahren an Oma Mias 100. Geburtstag